KB244108

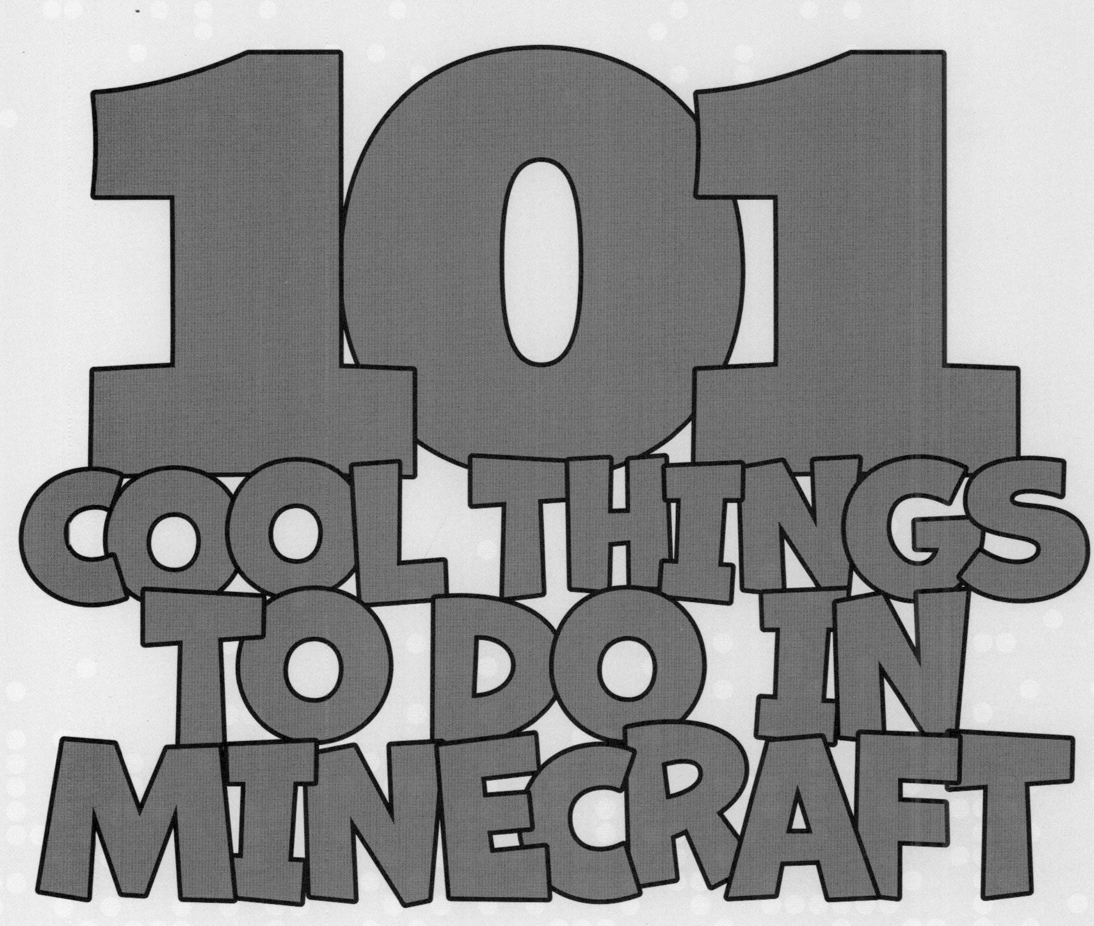

101
COOL THINGS
TO DO IN
MINECRAFT

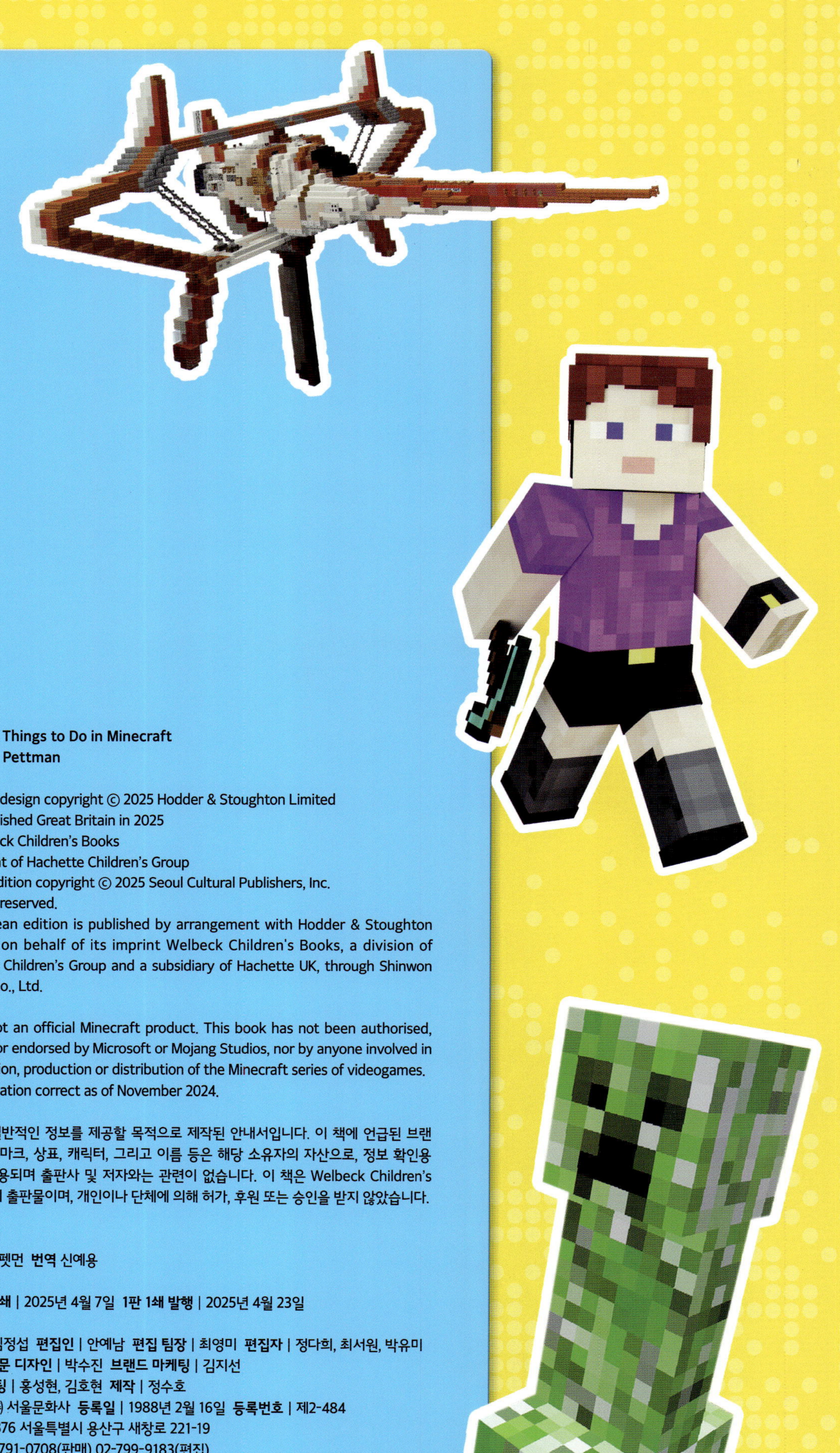

101 Cool Things to Do in Minecraft
by Kevin Pettman

Text and design copyright © 2025 Hodder & Stoughton Limited
First published Great Britain in 2025
by Welbeck Children's Books
An imprint of Hachette Children's Group
Korean edition copyright © 2025 Seoul Cultural Publishers, Inc.
All rights reserved.
This Korean edition is published by arrangement with Hodder & Stoughton
Limited, on behalf of its imprint Welbeck Children's Books, a division of
Hachette Children's Group and a subsidiary of Hachette UK, through Shinwon
Agency Co., Ltd.

원작 캐빈 펫먼 번역 신예용

1판 1쇄 인쇄 | 2025년 4월 7일 1판 1쇄 발행 | 2025년 4월 23일

발행인 | 심정섭 편집인 | 안예남 편집 팀장 | 최영미 편집자 | 정다희, 최서원, 박유미
표지 및 본문 디자인 | 박수진 브랜드 마케팅 | 김지선
출판 마케팅 | 홍성현, 김호현 제작 | 정수호
발행처 | ㈜ 서울문화사 등록일 | 1988년 2월 16일 등록번호 | 제2-484
주소 | 04376 서울특별시 용산구 새창로 221-19
전화 | 02-791-0708(판매) 02-799-9183(편집)
인쇄처 | 에스엠그린

ISBN 979-11-7371-419-1 (13690)
※파본은 구입처에서 교환해 주시기 바랍니다.

101가지 마인크래프트 스페셜 가이드

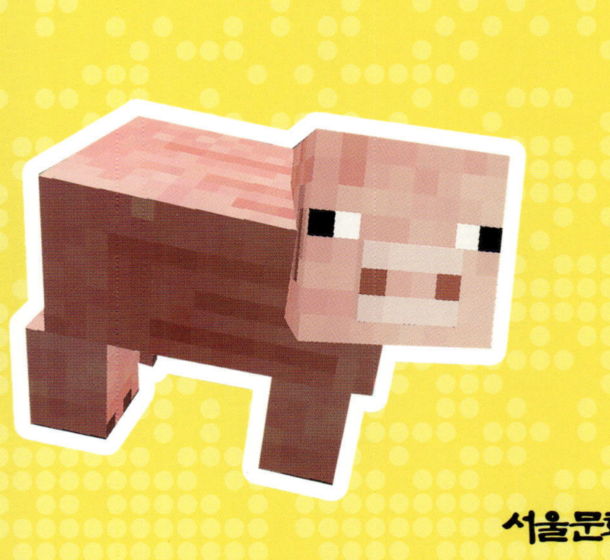

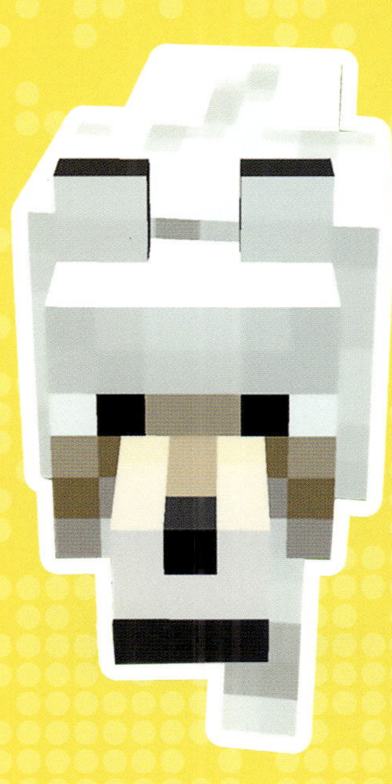

서울문화사

차례

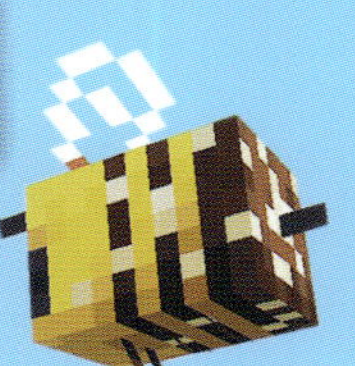
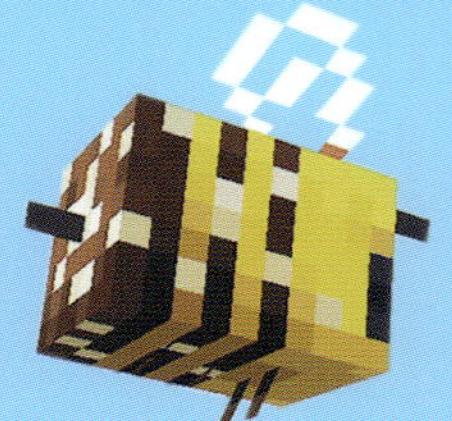
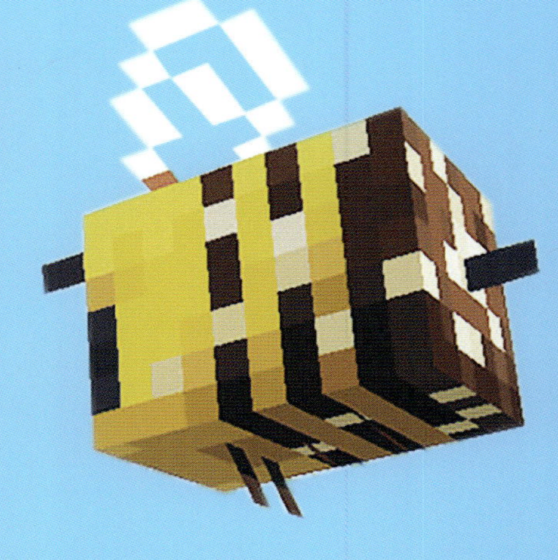

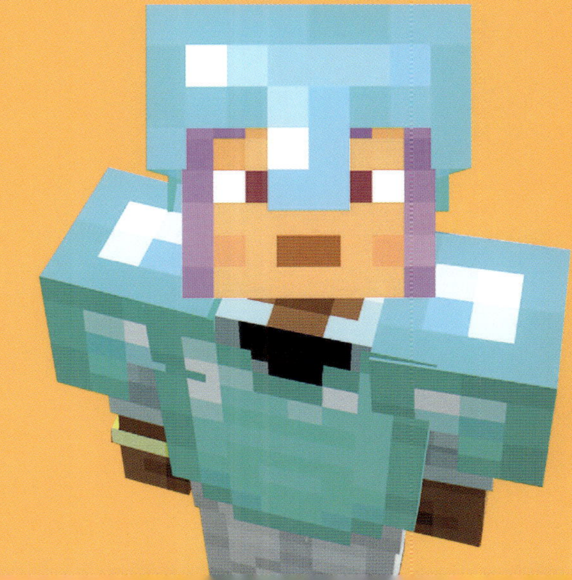

반갑습니다!

마인크래프트 세계에
오신 것을 환영합니다!

제목을 보면 이 책이 어떤 내용인지 예상할 수 있을 것입니다. 이 책에는 마인크래프트에서 즐길 수 있는 101가지 멋진 일뿐만 아니라, 마인크래프트를 더욱 신나게 플레이할 수 있도록 돕는 다양한 힌트와 팁도 담겨 있습니다.

책의 내용은 크게 서바이벌과 프로젝트, 모드, 이렇게 세 가지로 나뉩니다. 서바이벌은 게임을 더 잘할 수 있도록 도와주고, 프로젝트는 마인크래프트 맵을 확장하고 개선하는 방법을 소개해 줍니다. 마지막으로 모드는 게임의 스타일 및 분위기를 바꾸고 싶거나 새로운 도전을 하고 싶을 때 활용할 수 있는 방법을 알려줄 것입니다!

이 책이 여러분의 마인크래프트 플레이에 모쪼록 도움이 되기를 바랍니다. 그리고 좋았던 부분은 친구들과 공유하는 것을 잊지 마세요. 무엇보다도 가장 중요한 것은 항상 재미있게 플레이하는 것입니다! 그럼 시작합니다!

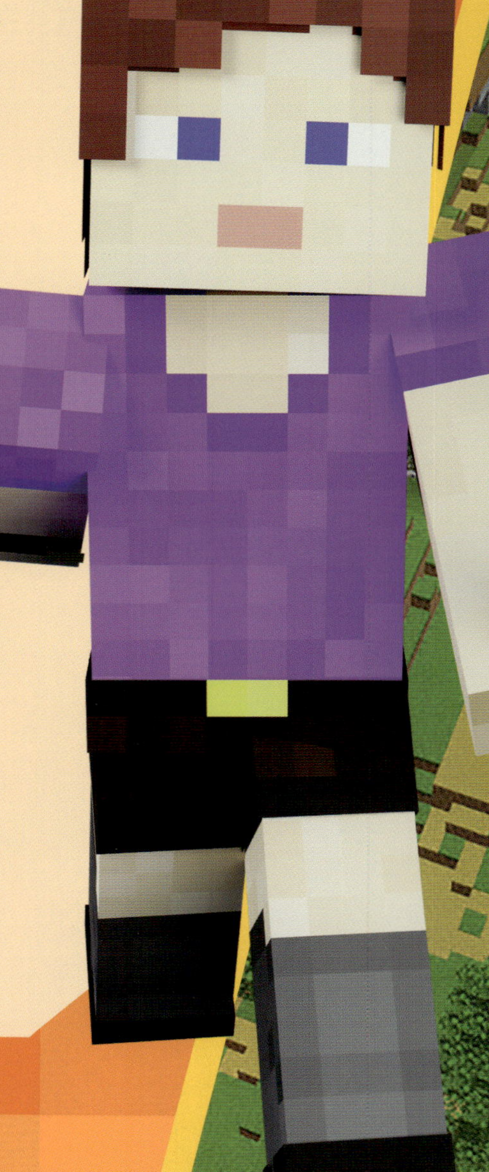

필수적인 기술 연습하기

모든 게임이 그렇듯, 마인크래프트도 연습이 필요합니다. 본격적으로 게임을 시작하기 전에, 크리에이티브 모드를 사용하여 기본적인 기술을 연습하는 것이 좋습니다. 크리에이티브 모드에서는 플레이어의 체력 관리나 음식 찾기, 자원 캐기, 블록 제작하기 등을 걱정하지 않아도 됩니다. 그래서 움직이는 법이나 단축 바를 사용하는 것은 물론, 블록을 부수고 설치하는 것과 같은 필수적인 기술을 연습하기에 적합합니다.

크리에이티브 맵을 만들고 싶을 때는 이름 지정 화면에서 게임 모드 설정을 '서바이벌'에서 '크리에이티브'로 변경하면 됩니다.

조금만 시간을 내어 크리에이티브 모드

맵을 돌아다니다 보면 마인크래프트의 환경과 게임 방식에 익숙해질 것입니다.

음식이나 공격적인 몹에 대한 걱정 없이 마음껏 즐겼다면, 이제 서바이벌 모드를 시작해 볼 시간입니다!

TIP!

게임을 하다가 잘 풀리지 않는 부분이 있다면 언제든 크리에이티브 모드로 돌아가서 다시 연습해 보세요.

마인크래프트의 시간은 실제 시간보다 72배 빠르게 흘러갑니다. 하루는 약 20분이며, 이중 반나절이 여러분에게 위험한 밤입니다. 서바이벌 모드에서는 밤에 공격적인 몹이 나타나 플레이어를 공격하기 때문에 준비를 단단히 해야 합니다.

첫날 밤을 살아남기 위해서는 게임을 시작하자마자 최대한 빠르게 자원을 모아야 합니다. 가장 먼저 필요한 자원은 나무입니다. 나무로 다가가 공격(좌클릭)을 길게 눌러 나무 원목을 획득하세요. 그런 다음, 나무 원목 1개를 인벤토리의 2x2 조합창에 넣어 나무 판자 4개로 바꿉니다. 그리고 4칸의 제작 공간에 나무 판자를 1개씩 넣어 채우면 제작대를 만들 수 있습니다.

제작대는 인벤토리보다 조합창이 넓어, 더 다양한 블록과 도구를 제작할 수 있습니다. 제작대를 설치한 뒤, 몇 가지 나무 도구를 만들어 보세요. 나무 판자를 막대기로 바꾼 뒤, 나무 판자와 막대기를 조합하면 나무 곡괭이, 나무 검 등을 만들 수 있습니다.

이제 나무 곡괭이로 돌을 캐서 조약돌을 모을 차례입니다. 조약돌이 있으면 나무보다 튼튼한 돌 도구와 무기를 만들 수 있습니다. 만약 근처에 언덕이 있다면, 언덕에서 석탄 광석도 채굴해 봅시다.

돌 8개를 모으면 화로를 만들 수 있습니다. 화로는 음식이나 광석을 구울 때 사용합니다. 이제 돌 도구를 제작했으므로, 나무 도구는 화로의 연료로 사용해도 됩니다.

제작한 돌 도구를 이용해 양이나 돼지, 소, 닭과 같은 동물 몹을 잡아서 고기를 구해 봅시다. 고기를 화로에서 구워서 먹으면 배고픔을 더 많이 채워 주는 효과가 있습니다. 특히 양을 찾아보세요. 양털도 필요하게 될 테니까요!

하룻밤 동안 살아남기

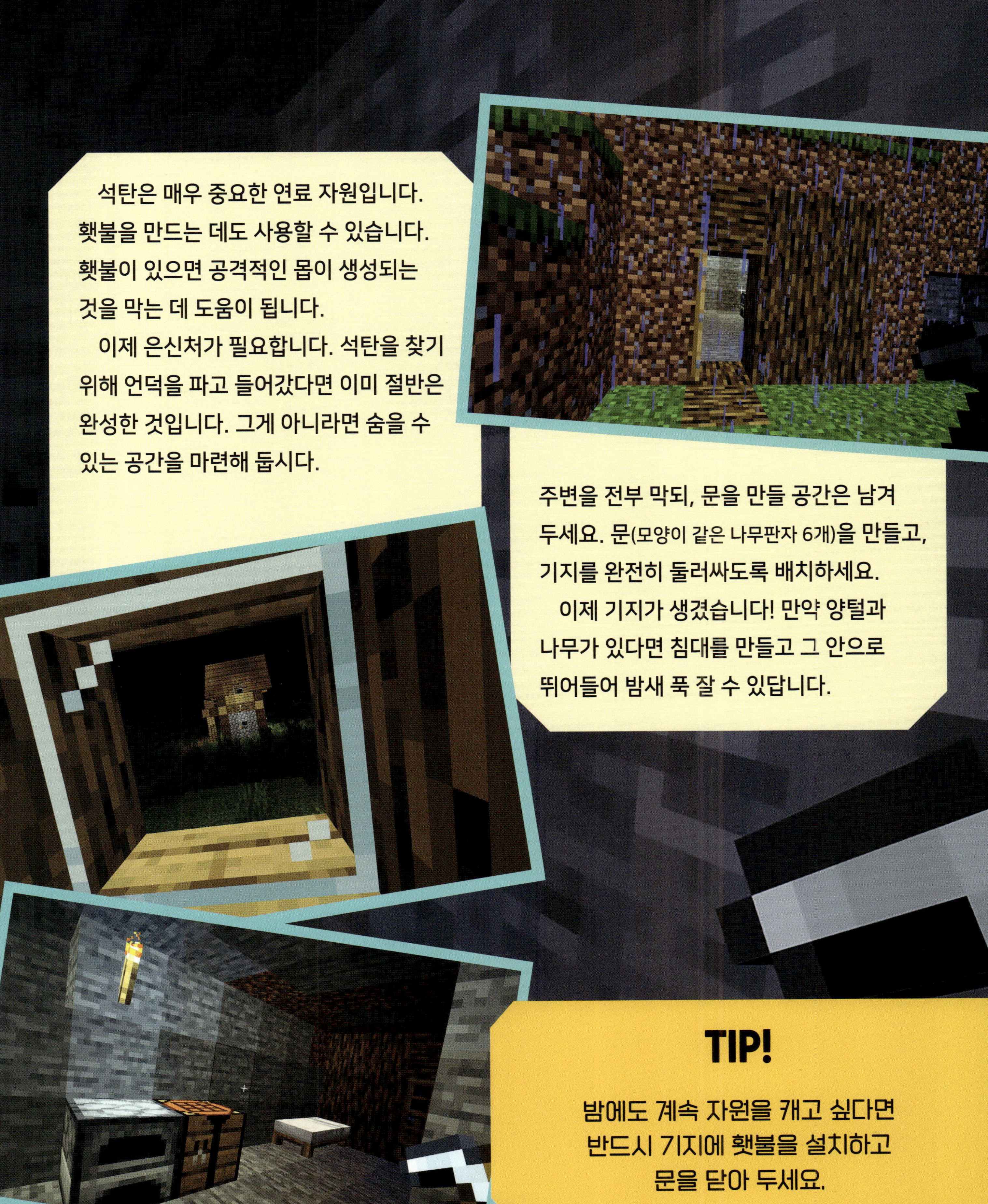

석탄은 매우 중요한 연료 자원입니다. 햇불을 만드는 데도 사용할 수 있습니다. 햇불이 있으면 공격적인 몹이 생성되는 것을 막는 데 도움이 됩니다.

이제 은신처가 필요합니다. 석탄을 찾기 위해 언덕을 파고 들어갔다면 이미 절반은 완성한 것입니다. 그게 아니라면 숨을 수 있는 공간을 마련해 둡시다.

주변을 전부 막되, 문을 만들 공간은 남겨 두세요. 문(모양이 같은 나무판자 6개)을 만들고, 기지를 완전히 둘러싸도록 배치하세요.

이제 기지가 생겼습니다! 만약 양털과 나무가 있다면 침대를 만들고 그 안으로 뛰어들어 밤새 푹 잘 수 있답니다.

밤에도 계속 자원을 캐고 싶다면 반드시 기지에 햇불을 설치하고 문을 닫아 두세요.

온순한 동물 포획하기

음식은 꼭 필요하기 때문에, 동물을 포획하고 번식시킬 수 있다는 것을 알아 두면 유용합니다.

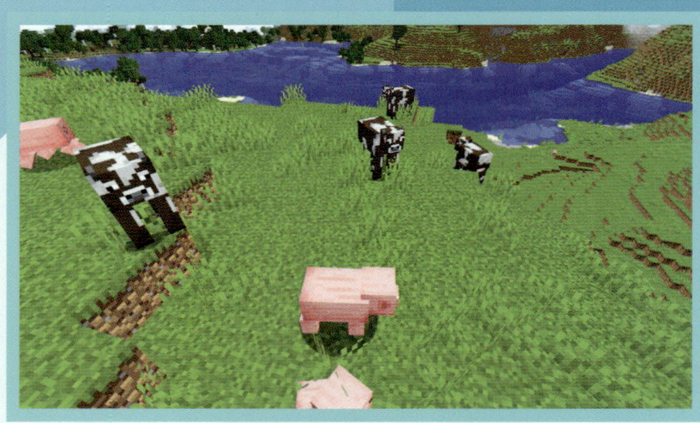

소와 양, 닭, 돼지처럼 비공격적인 동물 몹은 빈손으로 다가가도 가까이 오긴 하지만, 포획하기 위해서는 특정한 먹이가 있어야 합니다. 소와 양은 밀, 닭은 씨앗, 돼지는 감자나 당근, 비트 등 동물마다 좋아하는 먹이가 다릅니다. 이러한 먹이를 손에 들고 있으면, 동물들이 여러분을 따라올 것입니다.

구멍을 파거나 벽, 울타리를 설치해서 우리를 만들고, 동물을 포획해 보세요. 동물을 우리 안으로 유인하는 건 연습이 필요하지만, 이 연습이 바로 농장 만들기의 출발점이랍니다!

늑대 길들이기
(고양이도 됨!)

**마인크래프트에는
강아지가 없습니다.
대신 늑대가 있습니다!**

늑대는 뼈다귀를 주면 길들일 수도
있습니다. 길들인 늑대는 여러분이
싸울 때 도움을 줄 것입니다. 뼈다귀는
스켈레톤과 위더 스켈레톤, 스켈레톤 말,
스트레이를 처치했을 때나, 특정한 구조물의
상자에서 얻을 수 있습니다. 늑대를 길들이면
늑대의 목에 빨간 목줄이 생기고, 여러분을
따라다니며 공격적인 몹과 싸워 줍니다.
늑대를 클릭하면 앉아서 기다리게 하거나,
다시 따라오게 할 수 있습니다.
만약 뼈다귀를 구해 늑대를 키우는 게 어려워
보인다면, 고양이를 길들여 보는 건 어떨까요?
고양이에게 익히지 않은 대구나 익히지 않은
연어를 주면 여러분을 따라올 것입니다.

말타기

**마인크래프트에는
맵을 더 빨리 돌아다니기 위해
탈 수 있는 몇몇 몹이 있습니다.
쉽지는 않겠지만,
그래도…….**

말과 당나귀, 노새는 간식으로 길들이지 않아도 됩니다. 가까이 다가가 우클릭하면 바로 껑충 뛰어올라, 위에 탈 수 있습니다!

처음에는 반항하고 여러분을 넘어뜨릴 수 있겠지만, 여러 번 반복해 익숙해지면 등에 올라타게 해 줄 것입니다. 몹 근처에 하트 애니메이션이 나타나면 안전하다는 뜻이며, 그다음부터는 언제든지 탈 수 있습니다. 단, 원하는 방향으로 조종하려면 안장이 있어야 합니다. 안장이 없으면 동물이 원하는 방향으로만 가게 됩니다.

하지만 안장은 직접 제작할 수 없고 구하기 매우 어렵습니다. 여러 구조물을 돌아다니며 상자에서 안장을 찾거나, 마을 주민과 거래하거나, 혹은 낚시에서 낮은 확률로 얻을 수 있습니다. 그러므로 어느 정도 게임을 진행하여 발전한 상태여야 안장을 구할 수 있습니다. 지금 바로 동물을 조종해 보고 싶다면, 크리에이티브 모드를 추천합니다.

라마도 올라타서 길들일 수 있지만, 안장을 사용하여 탈 수는 없습니다. 라마를 원하는 곳으로 데려가고 싶다면 끈으로 라마를 끌고 가야 합니다. 라마는 여분의 상자를 들고 다닐 수 있어 매우 유용한 동물이랍니다!

작물은 경작지에서 재배할 수 있습니다. 경작지는 마을에서 발견할 수도 있고, 괭이로 흙을 파서 만들 수도 있습니다. 경작지에는 물을 주어야 하며, 물을 주지 않으면 다시 원래 흙으로 돌아갑니다. 경작지에 물을 주기 위해서는 4블록 이내에 물이 있어야 합니다. 수로를 만들어 경작지를 넓혀 보세요!

7

동물 번식시키기

일반적인 동물 몹은 대부분 먹이로 번식시킬 수 있습니다. 우리에 두 마리를 함께 넣고 먹이를 줘 보세요. 그럼 곧 작은 새끼가 태어날 것입니다. 와아!

8

자동화하기

똑똑한 플레이어들은 농사를 최적화하고 자동화하는 영리한 방법을 찾아냈습니다. 여러분도 더 효율적인 농장을 만들기 위해 연구해 보세요!

농장 만들기

마인크래프트에서 잘 살아남으려면 음식은 필수입니다. 따라서 간단한 농장을 만드는 것이 가장 먼저 하고 싶은 일 중 하나일 것입니다.

크리퍼 처치하기

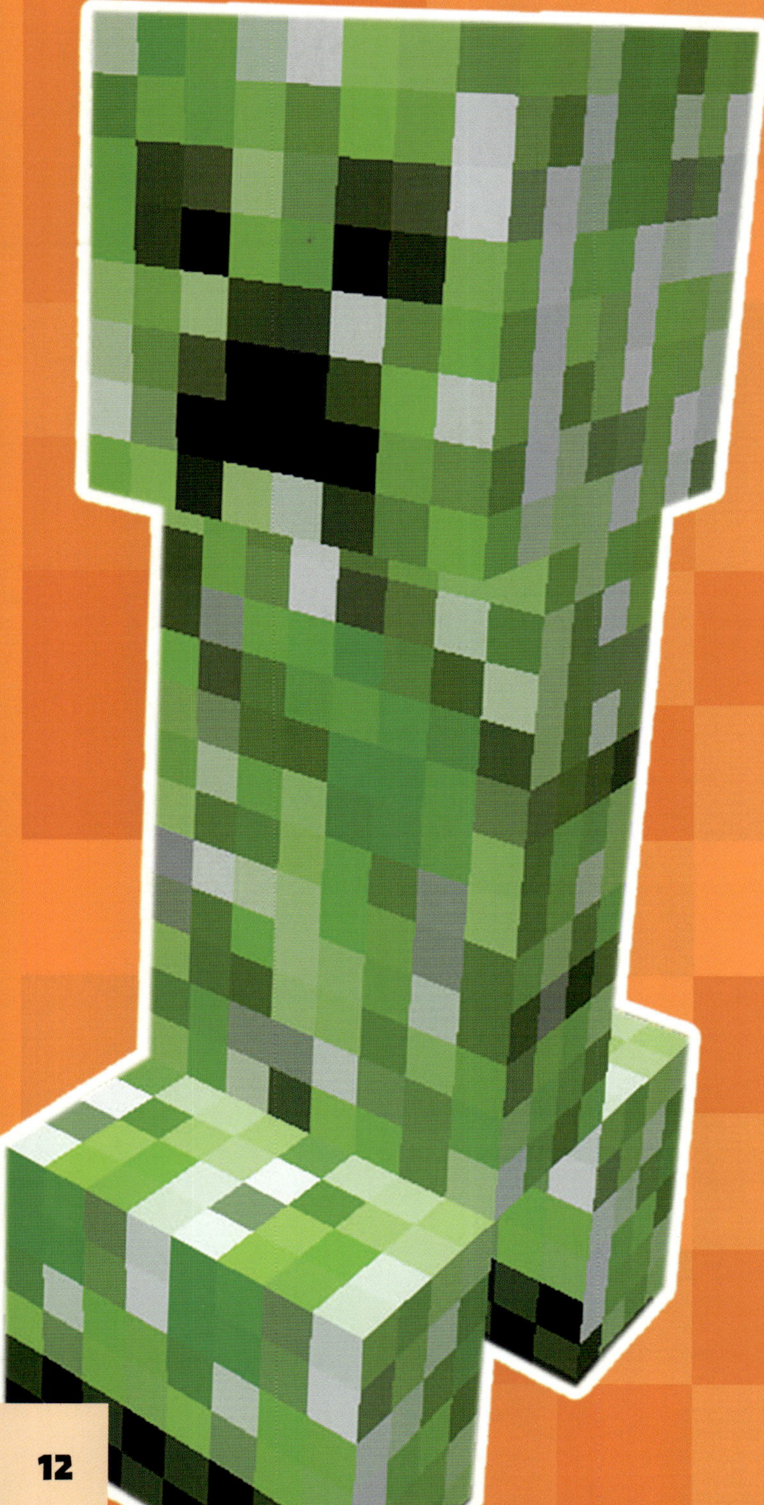

크리퍼는
가능한 피하는 것이
가장 좋습니다. 하지만
그럴 수 없을 때는······.

크리퍼를 가장 안전하게 처치하는 방법은 활과 화살을 사용하는 것입니다. 활은 실 3개와 막대기 3개, 화살은 막대기, 부싯돌, 깃털 1개씩으로 만들 수 있습니다. 크리퍼와 적정한 거리에서 우클릭을 꾹 눌러 크리퍼를 겨냥하고, 손을 떼어 발사하세요.

크리퍼를 간단하게 처치하는 또 다른 방법은 검을 들고 타이밍에 맞춰 공격하는 것입니다. 크리퍼를 공격하고 빠르게 물러나면 크리퍼의 폭발 대미지를 입지 않고 크리퍼를 처치할 수 있습니다. 크리퍼의 폭발로부터 안전한 거리는 3블록이라는 점을 꼭 기억하세요!

방패 만들기

방패는 만들기 쉽지만, 스스로를 보호할 수 있는 유용한 도구입니다. 철 주괴 1개와 나무 판자 6개가 모이는 대로 최대한 빠르게 방패를 만드세요.

자바 에디션에서는 사용(우클릭)으로, 베드락 에디션에서는 웅크리기(쉬프트)로 방패를 사용해 공격을 막을 수 있습니다. 방패를 사용하면 속도가 느려지지만, 정면에서 오는 대부분의 공격을 막아 줍니다. 방패가 정말 유용한지 확인하고 싶다면 적과 정면으로 맞서 보세요!

TIP!

방패에 현수막을 추가해 나만의 방패를 만들고, 모루의 도움을 받아 수선과 내구성 마법을 부여할 수 있습니다.

검의 종류에 따라 공격 대미지가 다르기 때문에, 공격해야 하는 횟수도 다릅니다. 용감한 플레이어는 검 없이도 공격할 수 있습니다.

물이나 용암을 활용한 함정도 효과가 있습니다. 물이 크리퍼의 폭발을 막지는 못하지만, 물속에 있을 때는 폭발 대미지를 줄여 줍니다. 또한, 물속에서는 폭발에 의해 블록이 파괴되지 않습니다. 용암은 크리퍼가 폭발하기 전에 크리퍼를 처치해 줄 것입니다. 철 양동이에 물과 용암을 담아 언제든지 사용해 보세요.

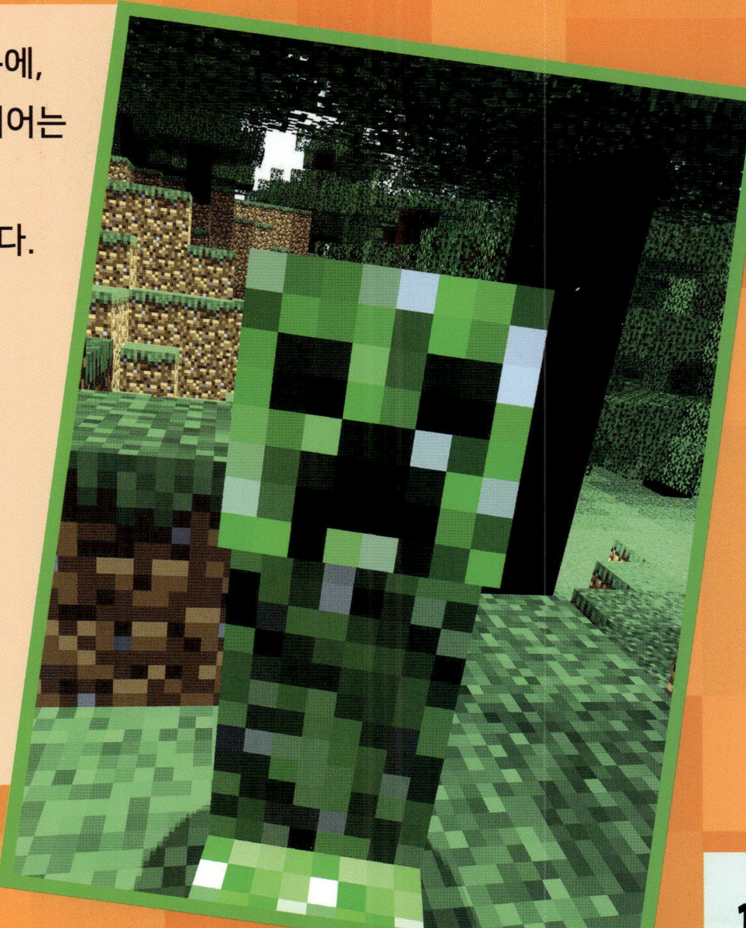

11

낚시하기

마인크래프트에서 낚시는 음식을 구할 수 있는 방법이자, 희귀한 보물을 얻을 수 있는 기회이기도 합니다!

낚시를 하기 위해서 먼저 막대기 3개와 실 2개로 낚싯대를 제작해야 합니다. 실은 거미 처치하기, 거미줄 채굴하기, 피글린과 물물 교환하기 등의 방법으로 얻을 수 있습니다. 또는 직급이 높은 어부 주민과 거래하여 마법이 부여된 낚싯대를 얻을 수도 있습니다.

낚싯대에 마법을 부여하면 낚시에 큰 도움이 됩니다. 미끼는 물고기를 잡기 위해 기다려야 하는 시간을 줄여 주고,

바다의 행운은 보물을 낚을 확률을 높여 줍니다. 네, 희귀한 보물이요!

강과 호수, 바다 또는 직접 연못을 만들어 낚시를 해 보세요. 낚싯줄을 던진 다음 '찌' 근처에 작은 물보라가 나타날 때까지 기다리면 됩니다. 일반적인 경우에는 30초 정도 걸립니다.(비가 오면 더 짧게 걸리고, 찌가 빛을 받지 않는다면 더 오래 걸릴 수 있습니다.) 보트 위나 물속에서도 낚시를 할 수 있습니다.

찌가 수면 아래로 가라앉으면 재빨리 사용을 눌러 낚싯대를 감아올리세요. 무언가가 여러분을 향해 날아올 것입니다.

물고기(85%)나 보물(5%), 쓰레기(10%) 중 하나겠지만, 쓰레기도 쓸모 있게 사용할 수 있답니다!

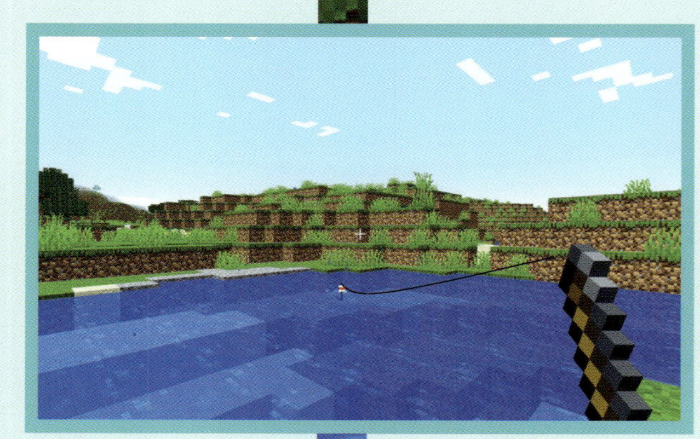

마을 주민들과 거래하기

마을 주민들은 보통 쉽게 구할 수 없는 에메랄드로 거래합니다.

에메랄드는 다이아몬드보다 희귀하지만, 땅을 캘 때뿐만 아니라 상자에서도 낮은 확률로 발견할 수 있습니다. 주민과의 거래를 통해 서바이벌 모드에서 청금석, 유리 등을 획득할 수 있습니다. 물론 여러분의 아이템을 에메랄드로 교환할 수도 있습니다.

거래는 직업이 있는 마을 주민과만 할 수 있습니다. 모자, 악세사리 등 착용한 아이템으로 직업이 있는 마을 주민이 누구인지, 어떤 직업을 가지고 있는지 알 수 있습니다. 직업에 따라 거래하는 아이템도 달라진답니다!

TIP!

떠돌이 상인도 마을 주민과 마찬가지로 물건을 거래합니다.

마법 부여 아이템 사용하기

**무기와 갑옷, 도구,
책에 마법을 부여하면
능력치를 향상하거나
추가 능력을 부여할 수 있습니다!**

아이템에 마법을 부여할 수 있는 마법 부여대는 책 1개와 다이아몬드 2개, 흑요석 4개로 만들 수 있습니다. 마법을 부여하기 위해서는 경험치와 청금석이 필요합니다. 마법 부여대 주위에 책장을 배치하면 마법 부여 레벨을 높일 수 있습니다. 최고 레벨을 위해서는 책장 15개를 배치해야 합니다. 마을 주민 중 사서는 마법이 부여된 책을 판매합니다. 마법이 부여된 책이 있다면 모루를 사용해서 마법을 부여해 보세요. 원하는 아이템과 마법이 부여된 책을 조합하면 아이템에 마법이 부여되고, 같은 마법이 부여된 아이템 2개를 하나로 합쳐 마법의 레벨을 올릴 수 있습니다.

마법이 부여된 아이템은 마을 주민과의 거래나 낚시, 특정 몹을 처치했을 때 등 확률적으로 얻을 수 있습니다. 엔드 도시와 고대 도시, 난파선, 약탈자 전초기지, 몬스터 생성기가 있는 던전이나 정글 사원, 삼림 대저택, 근거지에 있는 상자에서도 획득할 수 있답니다.

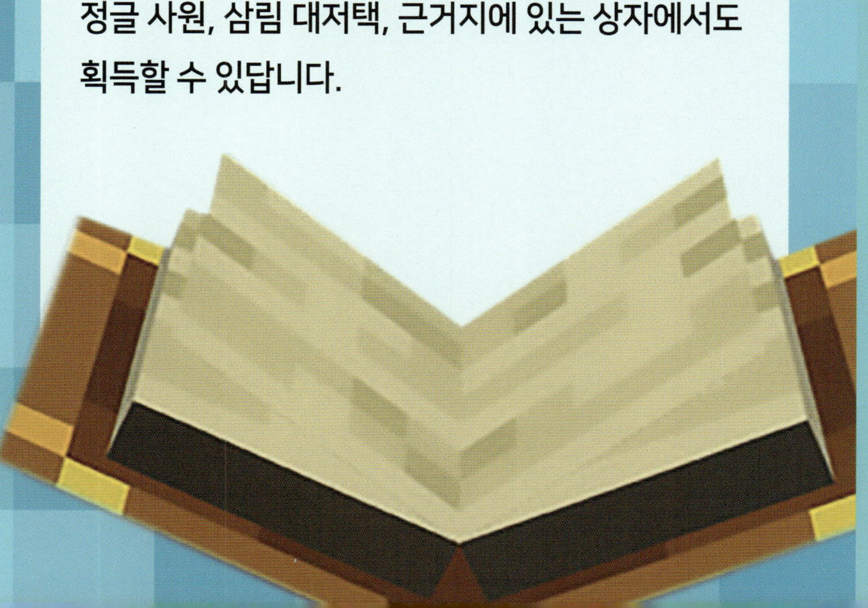

물약 만들기

물약을 만드는 방법은
복잡하고 번거롭지만,
강력한 몹을 처치하고 싶다면
충분히 가치있는 일입니다.

물약을 양조하기 위해서는 양조기와
가마솥, 유리병이 필요합니다.
양조기는 블레이즈 막대 1개와
돌 블록 3개, 가마솥은 철 주괴 7개,
유리병은 유리 3개로 제작할 수 있습니다.
유리병에 물을 담아 물병으로 만들고,
양조기에 넣습니다. 그리고 왼쪽 위
연료 슬롯에 블레이즈 가루를 넣어
양조기를 작동시켜야 합니다. 일반적으로
물약은 재료 슬롯에 네더 사마귀를 넣어
'어색한 물약'을 만드는 것에서 시작합니다.
그다음 다양한 재료를 추가하여
원하는 물약을 만들면 된답니다.

TIP!

치유의 물약은 언데드 몹에게
대미지를 입힙니다. 반대로 고통의
물약은 언데드 몹을 회복시킵니다.

습격 방어하기

습격은 정말 힘들지만, 공격적인 몹을 처치하며 경험치를 획득하는 데 무척 좋은 방법입니다!

마을을 돌아다니며 상자를 약탈하고 농작물을 훔치는 것이 싫다면, 많은 경험치와 전리품뿐만 아니라 주민들에게 인기도 얻을 수 있는 습격을 진행해 봅시다!

흉조 효과가 있는 플레이어가 마을에 진입하면 습격이 발생합니다. 약탈자 정찰대 등에서 습격 대장을 죽였을 때 드롭되는 불길한 병을 마시면 흉조 효과에 걸립니다. 흉조 레벨에 따라 우민들의 공격력이 달라지며, 맵의 난이도에 따라 습격의 웨이브 수가 달라집니다. 습격대는 마을의 주민들을 공격하는 우민으로 구성됩니다.

습격대를 물리치면 화면 상단의 습격 진행 바가 감소합니다. 높은 곳에서 활과 화살을 사용하면 좋습니다. 마법이 부여된 무기와 갑옷으로 공격력과 방어력을 높이세요. 또한, 철 자원이 풍부하다면 많은 철 골렘을 스폰하여 전투에 도움을 받을 수도 있습니다.

습격대와 싸우는 게 버겁다면 도망칠 수도 있습니다. 마을에서 아주 멀리 떨어지세요.

습격에서 승리하면 마을의 영웅 효과를 받아 주민과의 거래에서 할인 혜택을 받을 수 있고, 보답으로 선물도 받을 수 있답니다.

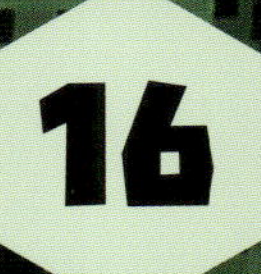

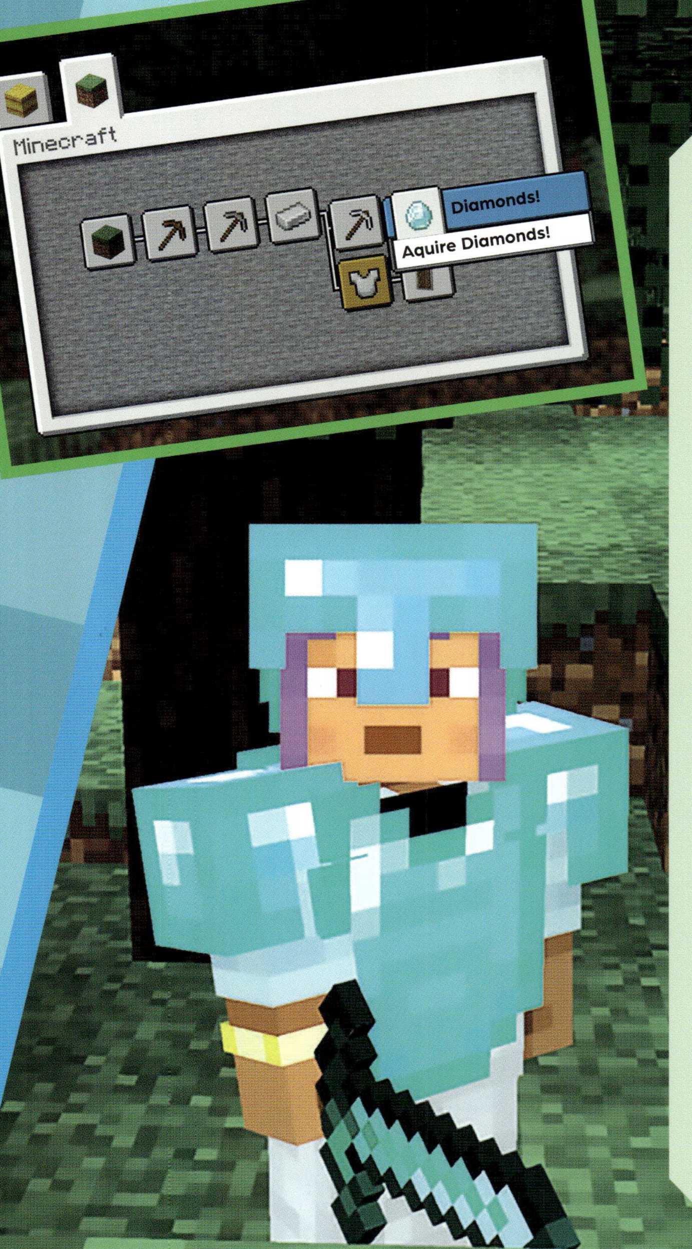

자바 에디션에는 모든 모드에서 즐길 수 있는 '발전 과제'가 있고, 베드락 에디션에는 서바이벌 모드에서만 달성할 수 있는 '도전 과제'가 있습니다.

자바 에디션의 발전 과제는 맵마다 따로 진행되며, 이전 단계를 진행하지 않아도 다음 단계를 달성할 수 있습니다. ESC를 누른 후, 발전 과제에서 과제의 종류와 달성 현황을 확인해 보세요. 네더, 농사, 모험, 엔드, Minecraft로 나뉘며, 잠금이 해제된 탭만 볼 수 있습니다. 베드락 에디션의 도전 과제는 계정과 연동되어, 한 번씩만 달성할 수 있습니다. 과제에 따라 감정 표현이나 캐릭터를 꾸밀 수 있는 아이템을 지급하기도 합니다. 두 에디션 모두 제작대 만들기, 철 주괴 획득하기처럼 간단한 과제부터 엔더 드래곤 잡기, 모든 생물 군계 발견하기 등 게임을 오래 진행해야 달성할 수 있는 과제들로 구성되어 있습니다.

발전 과제 및 도전 과제 진행하기

마인크래프트에서는 게임에서 달성할 수 있는 과제 목록을 제공합니다. 과제를 진행하며 게임을 배우고 실력을 키워 보세요!

주크박스와 음반 찾기

주크박스는 나무 판자 8개와 다이아몬드 1개로 제작할 수 있습니다. 주크박스에는 음반을 넣어 음악을 들을 수 있습니다. 또한, 주크박스는 작동하면서 레드스톤 신호를 보냅니다. 주크박스 옆에 레드스톤 비교기를 두면 음반마다 보내는 신호의 강도가 다르다는 사실을 확인할 수 있습니다.

마인크래프트에는 19개의 음반이 있으며, 게임을 진행하며 찾을 수 있습니다. 보루 잔해, 고대 도시, 근거지 등에 있는 상자에서 발견되거나, 스켈레톤이 크리퍼를 처치할 경우 드롭되기도 합니다. 그중 음반 '5'는 고대 도시의 상자에서 등장하는 음반 파편 9개를 모아 제작할 수 있습니다. 스켈레톤과 크리퍼를 이용한 음반 농장을 만들어 음반을 빠르게 모을 수도 있답니다.

TIP!

목초지에서 음반을 재생하면 베드락 에디션의 '사운드 오브 뮤직' 도전 과제를 달성할 수 있습니다.

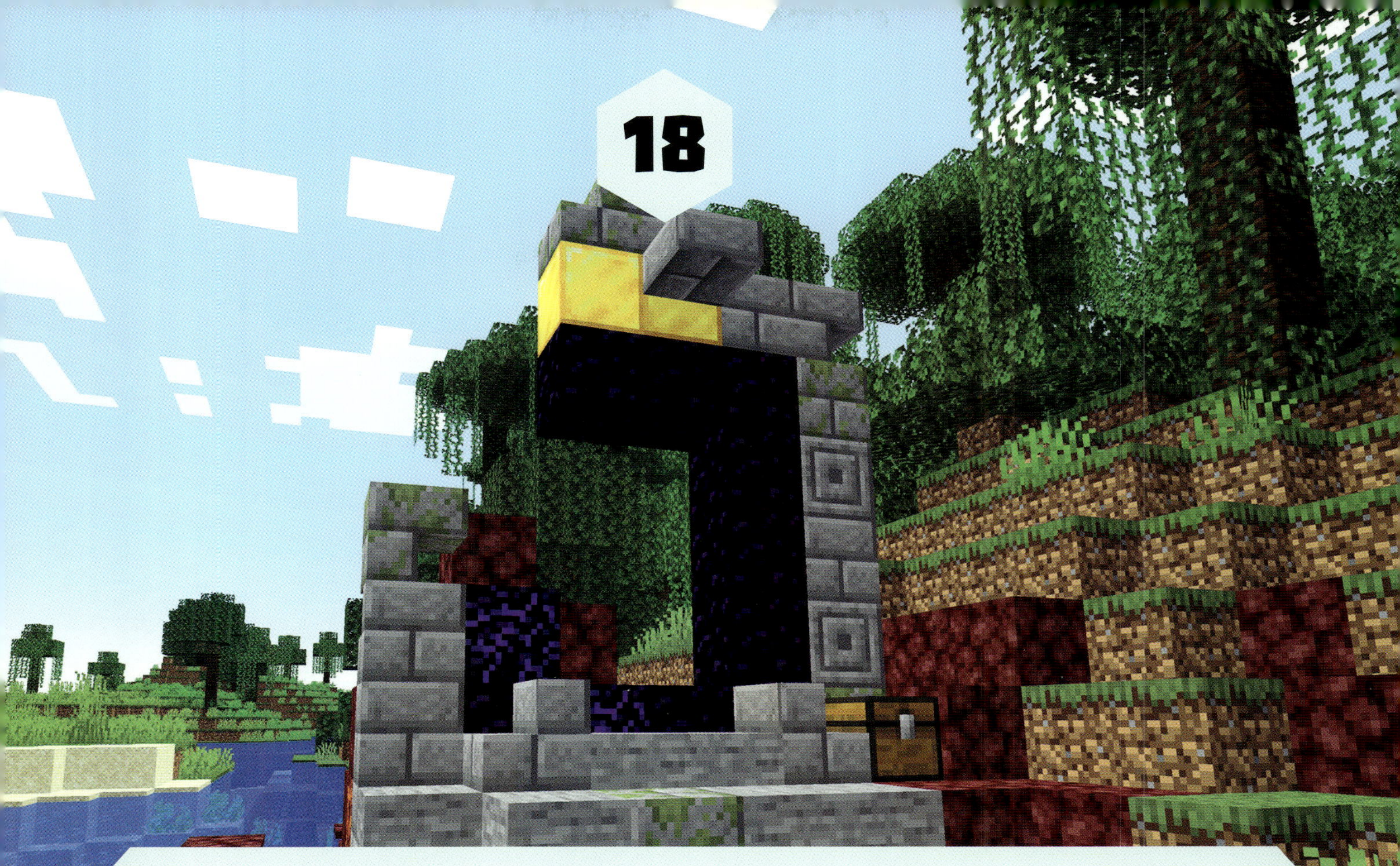

네더로 가기 위해서는 오버월드에서 네더 차원문(포탈)을 만들어야 합니다. 네더 차원문을 만들려면 최소 10개 이상의 흑요석이 필요합니다. 흑요석은 보통 물과 용암이 만나면 생성되며, 다이아몬드나 네더라이트 곡괭이로만 채굴할 수 있습니다.

차원문의 내부는 가로로 2칸, 세로로 3칸이 되도록 만드세요. 그리고 부싯돌과 철 주괴로 '부싯돌과 부시'를 만들어 차원문에 불을 붙이면 네더 차원문이 활성화됩니다. 운 좋게 폐허가 된 차원문을 발견했다면, 간단히 수리하여 사용할 수도 있습니다. 그럼 더 적은 수의 흑요석으로 차원문을 건설할 수 있기 때문에 편리합니다.

한번 활성화된 이후부터는 네더 차원문에 들어가기만 해도 네더로 이동되기 때문에 언제나 조심하세요!

네더 차원문 만들기

네더에서 살아남기

한 번도 가 본 적 없는 다른 차원으로 안내합니다. 항상 주의를 기울이세요!

네더는 불과 용암, 공격적인 몹 등 여러분을 위협하는 존재들로 가득합니다. 물론 여러분에게 유용한 블록과 아이템도 무척 많습니다!

네더를 탐험하는 건 위험하지만, 아이템을 얻기 위해서는 용감하게 맞서야 합니다.

특히 우리는 네더의 공격적인 몹 중 하나인 블레이즈를 꼭 물리쳐야 합니다. 그래야 엔더의 눈을 제작할 때 필요한 블레이즈 막대기를 얻을 수 있기 때문입니다. 엔더의 눈은 엔드에 도달하기 위해 꼭 필요하답니다.

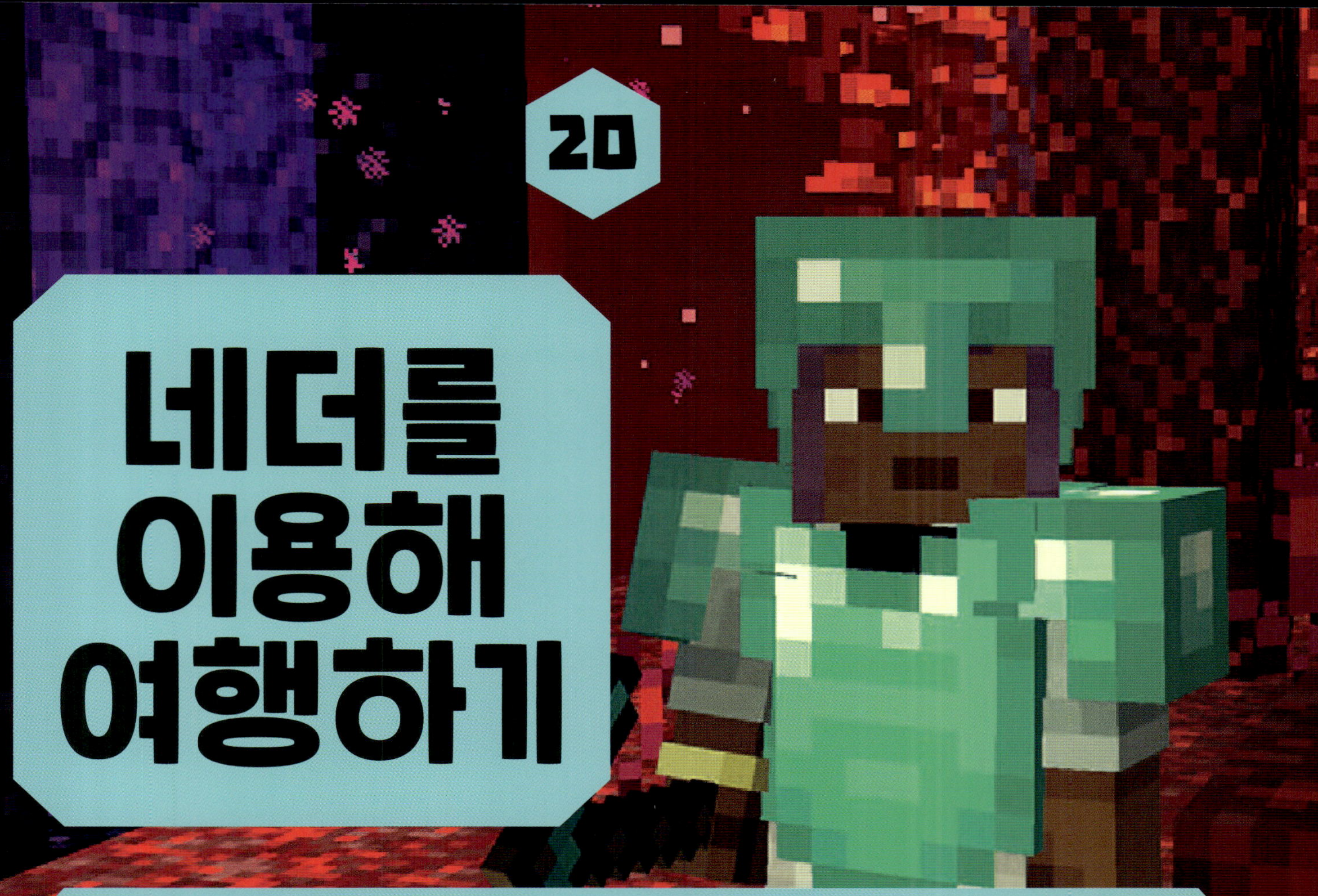

네더를 이용해 여행하기

네더는 오버월드의 다양한 지역을 탐험하는 데 도움이 될 수 있습니다!

여러분이 게임에서 가고 싶은 장소가 서로 멀리 떨어져 있을 수 있습니다. 이 장소들을 이동하려면 오랜 시간과 자원이 필요합니다. 이럴 때 네더 차원문을 이용하면 더 빠르게 이동할 수 있습니다.

네더에서의 한 블록은 오버월드에서의 여덟 블록과 같습니다. 따라서 오버월드의 두 장소에 네더 차원문을 만들어 네더에서 이동하면 이동 거리가 훨씬 짧아집니다!

오버월드에서 어디로 이동하고 싶은지 정했나요? 그럼 목적지의 좌표를 8로 나눈 다음, 그곳에 네더 차원문을 건설하세요. 이 네더 차원문을 이용하면 오버월드의 원하는 위치에서 나타날 수 있습니다. 하지만 Y 좌표나 지형 등 때문에 완벽하게 일치하지 않을 수 있고, 원하지 않는 장소에 포탈이 무작위로 생성될 수도 있습니다. 여러 번의 시도를 통해 감을 잡아 보세요!

TIP!

네더는 항상 위험합니다. 위험에 대처할 수 있도록 반드시 장비를 잘 갖추세요.

엔드 찾기

**충분히 성장했다면 엔드를 방문하여
보스 몹인 엔더 드래곤을 처치해 보세요.**

엔드는 허공에 떠 있는 엔드 돌로 구성되어 있습니다. 또한, 엔더맨과 셜커를 포함한 특별한 몹이 살고 있습니다.

엔드는 근거지의 특별한 방에 있는 엔드 차원문을 통해 입장할 수 있습니다. 엔더의 눈을 던지면 눈이 근거지가 있는 방향으로 움직입니다. 엔더의 눈이 한 지점에 도착할 때까지 계속 따라가면 근거지를 찾을 수 있습니다. 엔드 차원문을 활성화하기

위해서는 모든 엔드 차원문 틀에 엔더의 눈을 채워야 합니다. 엔드에 들어가기 전에 다이아몬드 혹은 네더라이트로 만든 무기와 갑옷, 도구 등을 준비하세요. 또한 여러 치유 아이템과 황금 사과가 있다면 유용할 것입니다!

엔더 드래곤 물리치기

가장 먼저 엔더 드래곤의 체력을 회복시키는 엔드 수정을 파괴하세요. 엔드 수정은 흑요석 기둥의 꼭대기에 있습니다. 높은 기둥에서 공격 받으면 떨어질 수 있기 때문에, 신발에 가벼운 착지 마법을 부여하는 것을 추천합니다.

엔더 드래곤이 하늘을 날고 있을 때는 활과 화살로 공격하세요. 드래곤이 중앙에 착지해 있을 때는 가까이 다가가 검으로 공격하세요. 엔더 드래곤을 물리치면 안전하게 엔드를 탐험할 수 있고, 오버월드로 돌아올 수도 있답니다.

겉날개는 엔드 도시에 위치한 엔드 함선에서 발견할 수 있습니다. 엔더 드래곤을 쓰러뜨리면 나타나는 엔드 관문을 통해서 이동할 수 있고, 혹은 공중에 블록을 연결하여 이동할 수도 있습니다.

겉날개를 비롯한 엔드 함선 전리품은 세 마리의 셜커가 지키고 있으니 무기를 꼭 챙기세요.
겉날개를 사용하는 방법은 간단합니다! 높은 곳에 올라가 점프를 두 번 눌러 사용하면 됩니다. 방향을 조절하려면 가고 싶은 방향을 바라보세요. 너무 빠르게 방향을 바꾸면 멈출 수 있으니 주의해야 합니다. 아래를 내려다보면 속도가 빨라지는 대신 높이가 낮아집니다. 위를 올려다보면 속도가 느려지면서 안전하게 착륙할 수 있습니다. 겉날개에 수선이나 내구성 마법을 부여하면 더 오래 사용할 수 있습니다. 폭죽 로켓을 사용하면 더 멀리, 더 높이, 더 빨리 날 수 있답니다.

하늘을 날기

엔더 드래곤을 쓰러뜨리고 나면 엔드에서 겉날개를 찾아보세요. 겉날개는 공중을 활공하게 해 주는 날개입니다.

버려진 마을 복구하기

좀비로 뒤덮인 마을을 복구하여 예전의 영광을 되찾아 주세요!

마인크래프트에는 종종 좀비 주민들이 사는 버려진 마을이 생성됩니다. 마을의 좀비를 모두 제거한 뒤, 좀비가 다시 스폰되지 않도록 횃불 등으로 빛을 만드세요. 또한, 추가 공격에 대비해 방어 시설을 건설해도 좋습니다.

마을이 안전해지고 나면 마을의 여러 시설을 재건하세요. 마을에 다시 주민이 살도록 하고 싶다면, 주민을 보트나 광산 수레에 태워 옮기면 됩니다.

마을 주민이 번식하게 하려면 마을의 인구수보다 많은 침대가 필요합니다. 그리고 빵 3개 혹은 당근, 감자, 비트 12개와 같은 충분한 음식이 필요합니다. 마을 주민이 많아지면 철 골렘이 스폰됩니다.

TIP!

마을에 독서대나 퇴비통, 양조기와 같은 블록을 설치하여 마을 주민들에게 일자리를 제공하세요.

좀비 주민 치료하기

좀비 주민은 처치하지 않고 치료할 수도 있습니다. 주민에게 투척용 나약함의 물약을 사용하고, 황금 사과를 먹인 다음 기다리면 된답니다!

나침반 사용하기

지도와 나침반은 맵을 탐험하는 데 도움이 됩니다.

나침반은 철 주괴 4개와 레드스톤 가루 1개로 제작할 수 있으며, 맵의 스폰 포인트로 여러분을 안내합니다. 서바이벌 모드에서 자석석에 나침반을 사용하면, 나침반은 스폰 포인트가 아니라 자석석이 있는 지점을 가리킵니다. 자석석이 파괴되지 않는 한 자석석으로 돌아갈 수 있습니다.

만회 나침반은 나침반 1개와 메아리 조각 8개로 제작할 수 있습니다. 그리고 여러분이 마지막으로 사망한 위치를 알려 줍니다. 따라서 한 번 죽으면 바로 종료되는 하드코어 모드에서는 가치가 없습니다.

지도 사용하기

빈 지도는 나침반 1개와 종이 8개로 제작할 수 있습니다. 빈 지도를 사용하면 주변 환경을 기록할 수 있고, 지도 제작대에서 환경을 기록한 지도와 종이를 합치면 지도를 넓힐 수 있습니다. 또한, 지도 제작자 주민과의 거래나 난파선 등의 상자에서 얻을 수 있는 탐험 지도는 삼림 대저택, 해저 유적, 땅에 묻힌 보물 등 특별한 위치를 알려 준답니다.

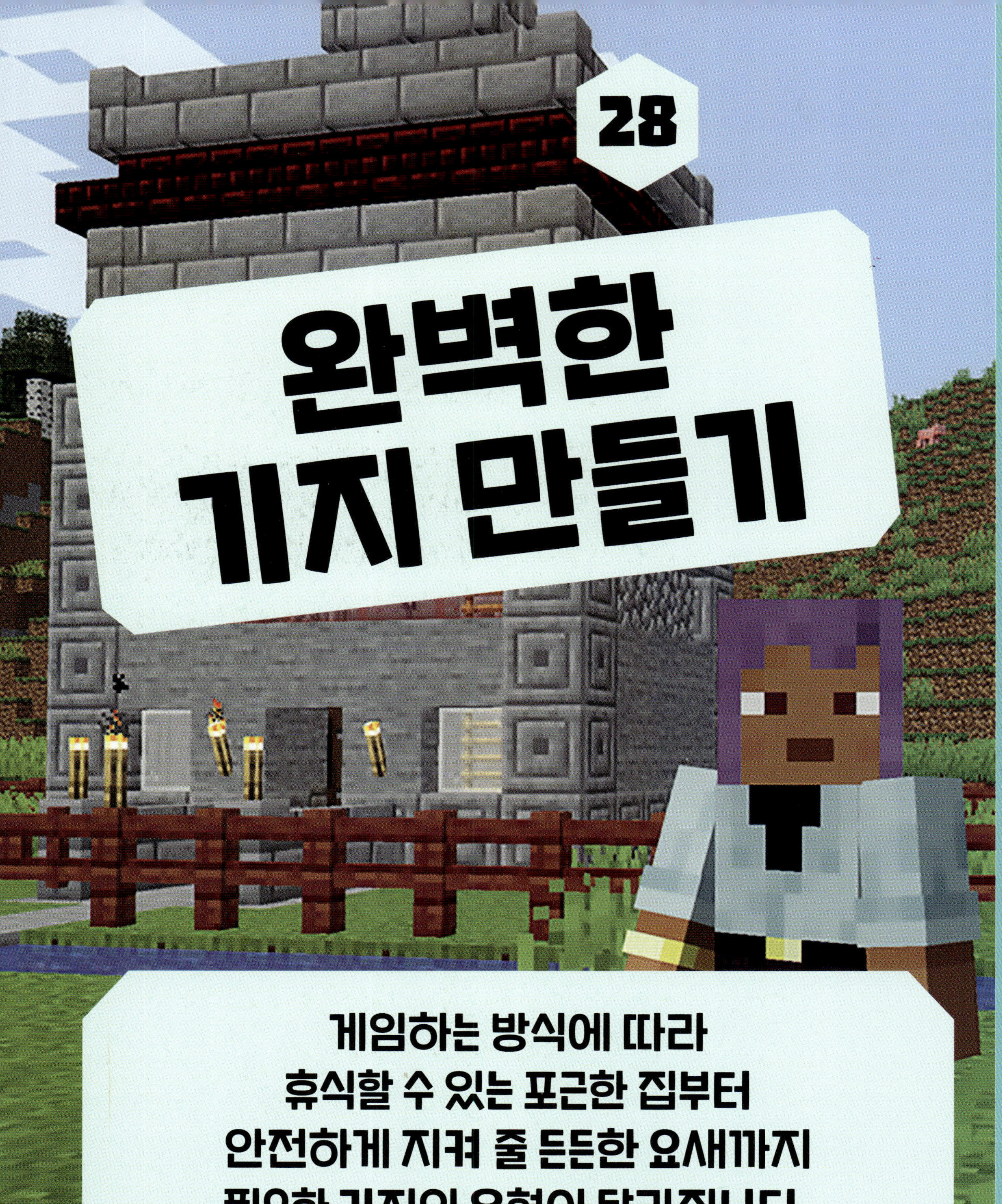

게임하는 방식에 따라
휴식할 수 있는 포근한 집부터
안전하게 지켜 줄 든든한 요새까지
필요한 기지의 유형이 달라집니다.

마인크래프트에서 나만의 개성을 표현할 수 있는 방법 중 하나가 바로 기지 건설입니다. 여러분은 기지의 위치와 블록 재료는 물론, 건축 양식과 디자인까지 모두 마음대로 선택할 수 있습니다.

게임에서 더 많은 자원과 아이템을 획득할수록 이것들을 안전하게 보관할 수 있는 장소를 원하게 될 것입니다. 그렇기에 반드시 좋은 기지가 필요하답니다.

기지를 특이한 곳에 숨겨서
찾기 어렵게 만들 수도 있습니다.
찾기 어려운 기지 중 하나는
수중에 지어진 기지입니다!

수중 기지는 건설하기 힘들지만,
폭발에 강하고 대부분의 몹으로부터
안전합니다. 하지만 물에서 스폰되는 드라운드를
조심하세요!

물속에서 편하게 이동하기 위해서는
수중 호흡의 물약이 필요합니다. 어색한 물약에
복어를 넣어 수중 호흡의 물약을 만들고,
레드스톤 가루를 사용해 효과 지속 시간을
8분으로 연장해 보세요.

문, 현수막 등을 이용해 숨을 쉴 수 있는
공간을 만들어도 됩니다. 베드락
에디션에서는 블록을 파괴함과 동시에 버튼,
다락문 등을 설치해 숨을 쉴 수도 있습니다. 또한,
마그마 블록을 놓으면 거품 기둥이 생성되어
공기를 보충할 수 있습니다.

물을 제거하는 것도 방법입니다. 스펀지를
사용해서 물을 없애거나, 블록으로 한 구역을
가득 채운 다음 다시 안쪽의 블록을 채굴하여
내부의 물을 없앨 수 있답니다.

30

숨겨진 기지 만들기

기지를 위장하는 방법은 끝도 없이
다양합니다. 복잡한 비밀 입구와
교묘한 위장, 눈에 띄지 않는 위치,
출입구를 위장하는 레드스톤 장치 등….
선택은 여러분에게 달려 있답니다.
자유롭게 상상하며 기지를 완벽하게
위장하는 재미를 느껴 보세요!

산 기지 만들기

산은 좋은 은신처이자 다양한 자원을 제공하는 채굴 장소입니다!

산은 첫 번째 기지로 삼기에 아주 적합합니다. 별도의 블록으로 벽을 쌓지 않고, 채굴하여 기지를 만들기 때문에 자원 소모가 적습니다. 또한 몹으로부터 쉽게 방어할 수 있으며, 석탄, 철 등 지하 자원을 구하기 좋습니다. 나무와 돌로 멋진 구조물을 만들거나 주변 환경과 잘 어울리는 디자인을 추가하여 꾸밀 수도 있습니다.

게다가 기지 안쪽에 더 깊숙한 지하를 탐험하기 위한 공간도 만들 수 있습니다. 지하와 기지를 연결하는 레일을 설치하여 광산 수레로 빠르게 이동해 보세요!

물론 지하에 몹이 스폰되는 것을 막기 위해 횃불 등으로 충분한 빛을 만들어야 한답니다.

하늘 기지 만들기

높은 곳을 좋아하나요? 그렇다면 하늘 기지를 추천합니다.

공중에 올라가려면 아주 높은 기둥이 필요할 것입니다. 풍부한 자원인 흙 등으로 기둥을 만들면 좋습니다. 원하는 높이에 다다를 때까지 계속 점프하면서 발밑에 블록을 놓으세요. 그리고 떨어지지 않도록 몸을 웅크린 다음, 블록의 끝에 서서 가로로

삼림 대저택 개조하기

삼림 대저택을 꾸며서 나만의 저택으로 만들어 보세요!

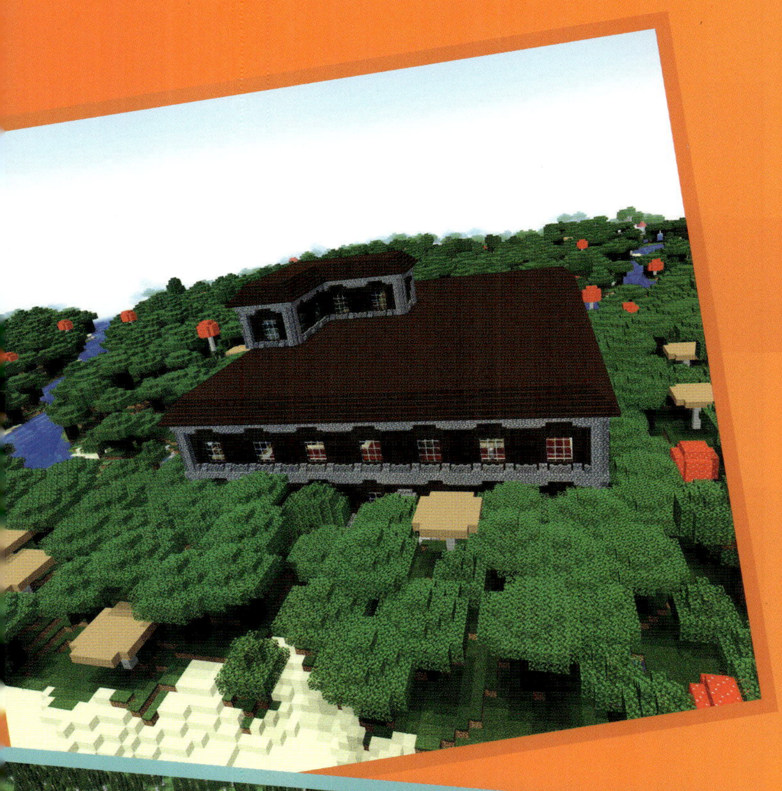

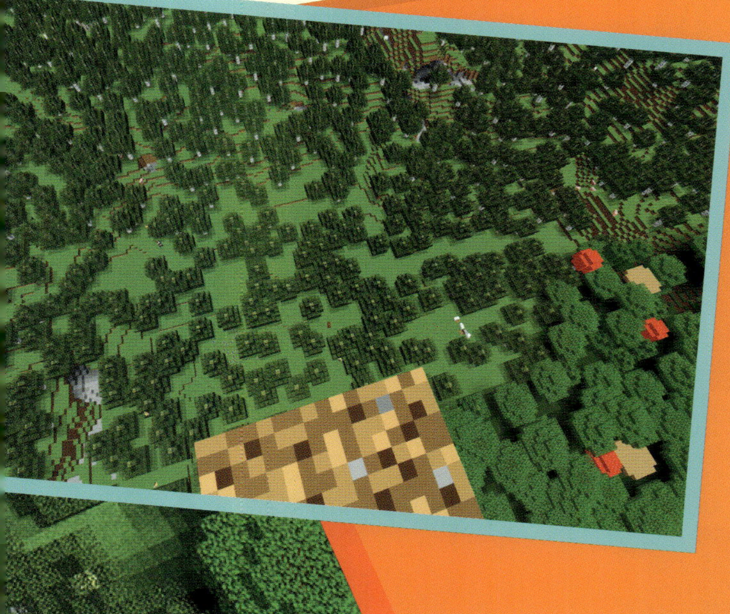

먼저 변명자, 소환사 등 삼림 대저택의 몹을 모두 처치하세요. 그리고 모든 방에 햇불 등으로 빛을 만들어 몹이 스폰되지 않도록 하세요. 빛까지 설치했다면, 이제 삼림 대저택을 나만의 저택으로 만들 준비가 끝난 셈입니다.

양털로 꾸며진 가짜 침대를 제거하고, 침대를 설치하여 잠잘 수 있는 공간을 만들어 보세요. 그리고 파괴된 부분이 있다면 새로운 블록으로 수리하세요.

그 후에는 원하는 대로 얼마든지 저택을 다시 디자인할 수 있습니다. 저택 주변에 마을을 건설하거나 원하는 크기의 농장을 만들 수도 있답니다.

저택을 마음대로 개조하여 가장 멋진 기지로 만들어 보세요. 저택 기지를 눈에 띄지 않게 숨기기는 어렵겠지만, 삼림 대저택을 정리하는 데 들인 노력을 보상받을 수 있을 만큼 멋질 것입니다.

블록을 연결하세요. 하늘 기지의 든든한 바닥이 될 것입니다.

네더 차원문(20번 참고)을 통해 지상에서 하늘 기지까지 빠르게 오갈 수도 있습니다. 물을 사용하거나 사다리를 만들어 하늘 기지로 이동하는 길을 만드는 방법도 있답니다.

동물원을 만들어 동물을 돌보는 기술을 뽐내 보세요!

서바이벌 모드에서 원하는 동물을 모으는 것은 쉬운 일이 아니지만, 끈으로 많은 동물 몹들을 데려올 수 있습니다. 소와 돼지, 닭과 같은 쉬운 동물부터 늑대와 고양이처럼 먹이로 친해질 수 있는 동물까지 열심히 찾아보세요. 그리고 철 블록 4개와 잭오랜턴 혹은 조각된 호박 1개로 철 골렘을 스폰하여 동물원을 안전하게 지키세요.

공격적인 몹을 데려오기 위해서는 상당한 실력이 필요합니다. 유튜브에 몹을 처치하는 방법에 대한 가이드가 많이 있어 그 도움을 받아도 좋습니다.

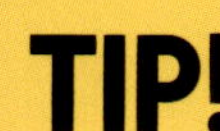

몹은 보트나 광산 수레에 태워서 옮길 수 있습니다. 또한, 네더 차원문(20번 참고)을 이용하면 몹을 더 쉽게 먼 장소까지 옮길 수 있습니다. 마인크래프트 세계의 곳곳을 탐험할수록 여러분이 원하는 몹을 찾는 것이 더 쉬워질 것입니다.

TIP!

동물에게 이름표를 사용하면 디스폰되지 않습니다. 또한, 동물원을 보호하려면 동물들이 무엇에 대미지를 입는지 알아 두세요.

수조 추가하기

**수조를 추가하면 동물원을
더욱 멋있게 만들 수 있습니다.**

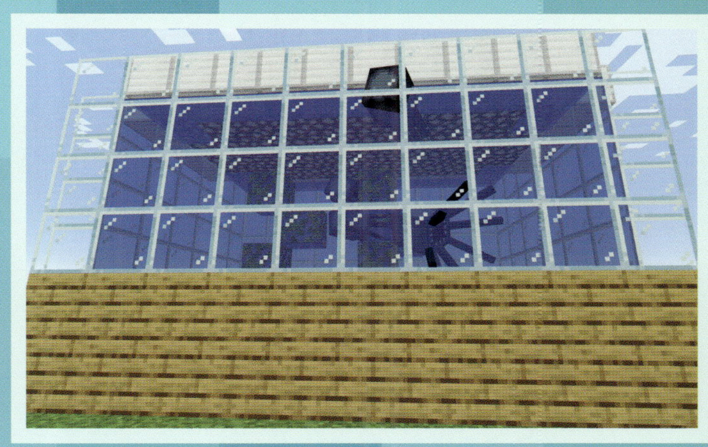

동물원을 만들었다면, 간단하고 멋있는 수조를 추가해 보세요. 물고기에게 물 양동이를 사용하면 물고기가 담긴 양동이를 얻을 수 있습니다. 이 양동이를 사용하여 손쉽게 물고기를 수조에 옮길 수 있습니다. 또한 오징어도 광산 수레로 옮길 수 있습니다.

유리를 활용해 원하는 크기의 수조를 만들어 보세요. 거대한 수영장 크기로 만들어서 물고기와 함께 물놀이를 즐길 수도 있답니다!

동물원 만들기

레드스톤으로 실험하기

레드스톤에는 특별한 기능이 있어 여러 장치를 만드는 데 필요합니다.

레드스톤은 철, 다이아몬드 또는 네더라이트 곡괭이로 채굴할 수 있습니다. 또한 마녀를 처치하거나, 정글 사원과 삼림 대저택에서 발견하거나, 성직자 주민과의 거래로도 얻을 수 있습니다.

레드스톤은 여러 가지 방식으로 사용됩니다. 레드스톤을 활용하면 여러 기능 블록을 제작하여 다양한 장치를 만들 수 있습니다. 플레이어가 원할 때, 혹은 자동으로 작동하도록 만들 수도 있습니다.

특히 레드스톤 가루는 기능 블록을 원격으로 작동시키기 위해 신호를 전달하는 선으로 사용됩니다. 실생활에서 사용하는 전선과 같은 역할입니다.

레드스톤 신호를 활성화하면 신호가 15블록 동안 전달된 후 꺼집니다. 하지만 레드스톤 중계기를 사용하면 신호를 더 멀리 보낼 수 있답니다.

TIP!

레드스톤 가루는 시계와 공급기, 관측기 등 유용한 여러 아이템을 제작하는 데 필요합니다.

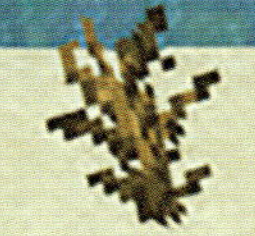

광산 수레 사용하기

레일 위를 달리는 광산 수레는
여러 자원과 몹을 옮기는 데 아주 큰 도움이 됩니다.

광산 수레는 철 주괴 5개로 제작할 수 있습니다. 설치하는 방식은 다른 블록과 동일하지만, 레일 위에만 설치할 수 있습니다. 광산 수레는 플레이어가 탑승할 수도 있지만, 상자, 화로, 호퍼뿐 아니라 TNT까지 실어서 사용할 수도 있습니다! 심지어는 물속에서도 달릴 수 있습니다!

내리막길은 동력이 없어도 쉽게 달리지만, 평지나 오르막길에서는 속도를 유지하려면 동력 레일이 필요합니다. 레드스톤 신호가 연결된 동력 레일은 일반 레일보다 훨씬 빠르게 움직입니다. 광산 수레를 활용하여 수많은 번거로운 작업을 자동화해 보세요.

TIP!

광산 수레를 타고 있을 때는
공중에서 떨어지더라도
다른 레일에 착지하면
대미지를 입지 않습니다.

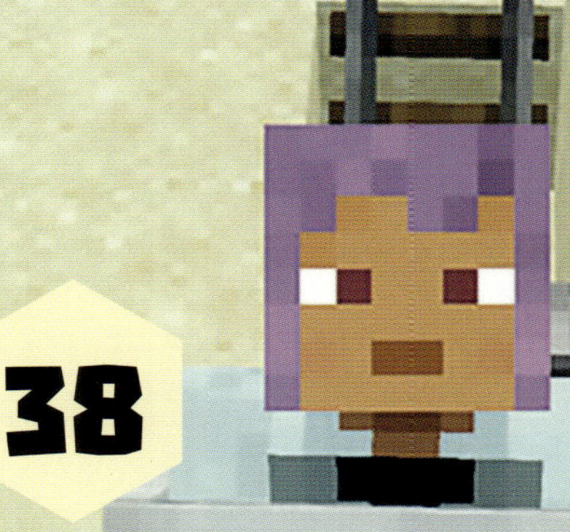

레드스톤 조명 사용하기

레드스톤 조명과 햇불은 다른 빛 블록에 비해 어둡습니다. 하지만 레드스톤 회로에 추가하여 빛을 만들거나 신호를 잠깐 켰다가 자동으로 꺼지게 만드는 기능 등으로 활용할 수 있답니다.

레드스톤 조명은 레드스톤 신호를 받으면 빛을 내는 블록으로, 레드스톤 가루 4개와 발광석 1개로 제작할 수 있습니다.

레드스톤 비교기 등 기능 블록과 결합하면 레드스톤 조명 쇼를 만들 수 있습니다. 멋있는 쇼를 만드는 데는 시간이 오래 걸리겠지만, 원하는 쇼를 구현하는 건 얼마든지 가능합니다.

신호기는 제작하는 데 유리 5개, 흑요석 3개, 네더의 별이 필요하기 때문에 서바이벌 모드에서 만들기는 어렵습니다. 하지만 신호기도 레드스톤 장치와 함께 사용하면 특별한 쇼를 연출할 수 있습니다. 피스톤으로 신호기 위에 여러 종류의 색유리를 배치하면 신호기의 빛을 다양한 색상으로 나타낼 수 있답니다!

폭죽 로켓 만들기

조명 쇼 만들기

레드스톤 조명과 폭죽 로켓으로
아름다운 조명 쇼를 만들어
마인크래프트 실력을 뽐내 보세요!

자동문과 함정 만들기

마인크래프트에서 회로의 원리를 이해하는 가장 좋은 방법은 자동문과 함정을 만들어 보는 것입니다.

폭죽 로켓은 종이와 화약으로 제작할 수 있으며, 화약의 개수에 따라 화력이 달라집니다. 엔드에서 얻은 겉날개(23번 참고)를 사용할 때 유용합니다. 겉날개로 단순히 활공하는 것뿐만 아니라 원하는 방향으로 비행할 수 있기 때문입니다.

폭죽 로켓으로 불꽃놀이를 하고 싶다면, 제작할 때 폭죽 탄약을 추가해야 합니다. 폭죽 탄약은 폭죽에 색상과 모양을 추가하는 역할을 하며, 화약 1개와 염료, 추가 재료를 넣어 제작할 수 있습니다. 여기서 염료는 폭죽의 색상을, 추가 재료는 폭죽의 모양을 바꾸는 데 사용됩니다. 재료를 아무것도 추가하지 않으면 작은 원 모양, 화염구를 추가하면 큰 원 모양, 금 조각을 추가하면 별 모양 등 추가 재료에 따라 폭발 모양이 달라집니다. 그 외에도 발광석 가루를 넣으면 반짝이는 효과가 생기고, 다이아몬드를 넣으면 잔상이 남는 효과가 생기는 특별한 기능도 있답니다!

지금까지 수많은 플레이어가 마인크래프트의 블록끼리 서로 작용하는 여러 방식을 발견했습니다. 이를 활용하면 특이하고 재미있는 출입구를 건설할 수 있습니다.

특히 피스톤을 활용한 자동문을 만드는 방법은 정말 많은 플레이어의 자료가 준비되어 있습니다.

그렇다면 단순히 배우는 것에서 멈추지 말고 훨씬 더 구체적으로 활용해 봅시다. 흥미로운 입구를 골라 여러분의 기지에 적용해 보는 것입니다!

물 엘리베이터 만들기

**기지에는 온갖 유형의
출입구를 만들 수 있습니다.
그중에서도 물 엘리베이터는
빠른 이동을 도와줄 것입니다!**

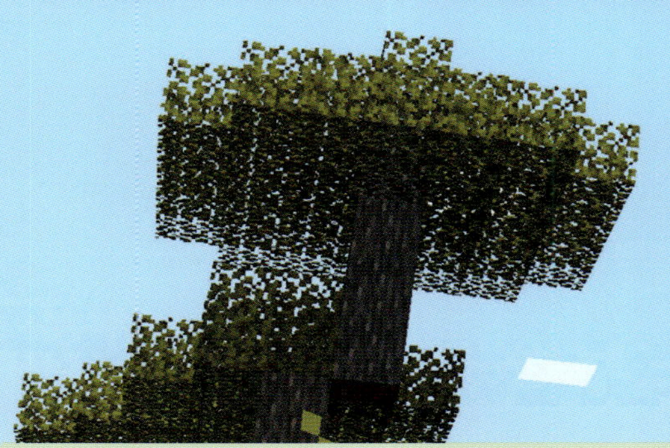

지하나 공중, 수중에 있는 기지를 오가는 데 가장 좋은 방법은 거품 기둥을 이용한 물 엘리베이터를 만드는 것입니다. 영혼 모래와 켈프, 문 1개 또는 표지판이나 울타리 문 2개, 단단한 블록, 물이 필요합니다.

수직으로 높은 터널을 만들고, 하단에 입구를 만드세요. 그리고 입구에 문이나 표지판, 울타리 문 등을 설치합니다. 그다음 터널 위에서 물을 흘려보냅니다.

터널의 바닥에는 영혼 모래를 설치하고, 터널의 내부를 켈프로 가득 채웁니다. 그리고 아래에서 켈프를 캐면 모든 켈프가 부서지며 거품 기둥이 생성됩니다. 이 거품 기둥으로 터널의 정상까지 빠르게 이동할 수 있답니다.

TIP!

영혼 모래를
마그마 블록으로 교체하면
아래로 빠르게 내려가는
물 엘리베이터를
만들 수 있습니다.

1.16 버전에 새로 등장한 과녁은, 화살을 맞추면 레드스톤 신호를 전달합니다. 피스톤에 연결된 과녁을 활성화하여 다른 블록에 신호를 주는 등 더욱 복잡한 레드스톤 회로에 활용할 수 있습니다.

또한, 광산 수레를 이용하여 움직이는 과녁을 만들어 활 쏘기 실력을 시험해 볼 수도 있습니다. 양궁 미니 게임 맵을 만들어 친구들과 실력을 경쟁해 보세요!

양궁장 만들기

활이나 쇠뇌 쏘는 실력을 빠르게 향상하고 싶다면 양궁장을 만들어 보세요.

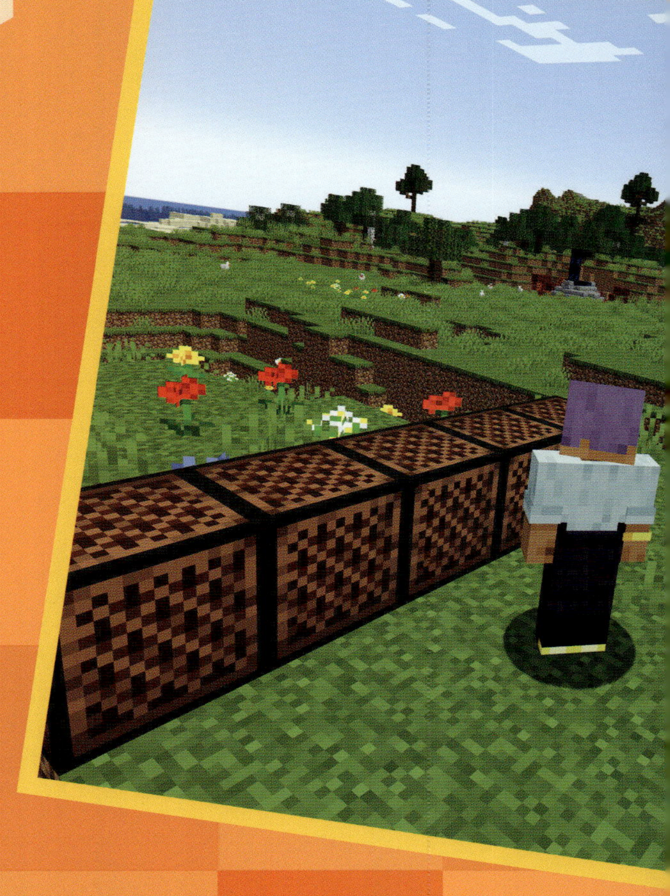

소리 블록을 활용하면 마인크래프트에서 나만의 음악을 만들 수 있습니다!

소리 블록을 여러 개 배치하여 레드스톤 신호로 연결하면 곡을 만들 수 있습니다. 필요한 건 많은 소리 블록과 다양한 레드스톤 블록들, 약간의 전문 지식, 그리고 상당한 인내심뿐입니다.

소리 블록은 사용하거나 신호를 전달하면 소리를 내는 블록입니다. 나무 판자 8개와 레드스톤 가루 1개로 제작할 수 있습니다.

소리 블록은 아래에 있는 블록의 종류에 따라 기타, 플롯 등 24가지 악기 소리를 낼 수 있습니다. 또한, 블록을 눌러서 해당 소리 블록이 내는 음을 변경할 수 있습니다. 악기와 음의 조합이 다양하기 때문에 원하는 소리를 찾기 어려울 수 있습니다.

곡을 만들기 위해서는 레드스톤 신호를 활용해야 합니다. 가장 중요한 레드스톤 블록은 바로 레드스톤 중계기로, 신호를 지연시켜 소리 블록 간의 박자를 조절할 수 있답니다.

TIP!

소리 블록 아래에 특정 블록을 배치하면 악기 소리가 달라집니다. 예를 들어, 소리 블록 아래 나무 판자가 있다면 베이스 기타 소리가, 꽁꽁 언 얼음이 있다면 차임벨 소리가 만들어집니다. 석재 블록과 모래를 활용하면 스네어 드럼과 베이스 드럼을 갖춘 드럼을 만들 수도 있습니다! 이를 활용해 더욱 풍성한 사운드의 노래를 만들어 보세요!

45

슬라임으로 놀기 (죽지 않고!)

블록이 블록이 아닐 때는 언제일까요? 바로 슬라임일 때입니다!

슬라임은 Y 좌표 50~70 사이의 늪과 맹그로브 늪에서 스폰됩니다. Y 좌표 40 이하인 오버월드의 특정 지역에서도 발견할 수 있습니다.

슬라임은 깡충깡충 뛰면서 이동하며, 곳곳에서 튀어나와 여러분을 공격합니다. 커다란 슬라임을 죽이면 작은 슬라임으로 분열합니다. 가장 크기가 작은 소형 슬라임을 처치하면 슬라임볼을 드롭하는데, 슬라임볼 9개로 슬라임 블록을 제작할 수 있습니다.

슬라임 블록은 건물을 만들 때도 사용할 수 있지만, 추락 대미지로부터 플레이어를 보호하는 용도로도 사용됩니다. 트램펄린처럼 높은 곳에서 슬라임 블록 위로 떨어지면 대미지를 입는 대신 공중으로 튀어 오릅니다. 실제로 여러 마인크래프트 파쿠르 맵에서 먼 거리를 건너는 방법으로 자주 등장합니다.

슬라임 미사일 만들기

피스톤과 슬라임을 이용한 미사일로는 아무도 놀라지 않을 것입니다. 하지만 큰 폭발음을 일으키는 꽤 멋진 방법입니다!

끈이 피스톤과 레드스톤 블록, 슬라임 블록을 배열하면 시끄러운 소리를 내며 일직선으로 움직입니다.

이 장치에 TNT를 추가해서, TNT가 다른 블록에 닿아 큰 구멍을 만들며 폭발할 때까지 기다리는 것도 재미있습니다. 무엇보다 슬라임 블록과 끈끈이 피스톤이 움직이는 원리를 배우기에 적합하답니다.

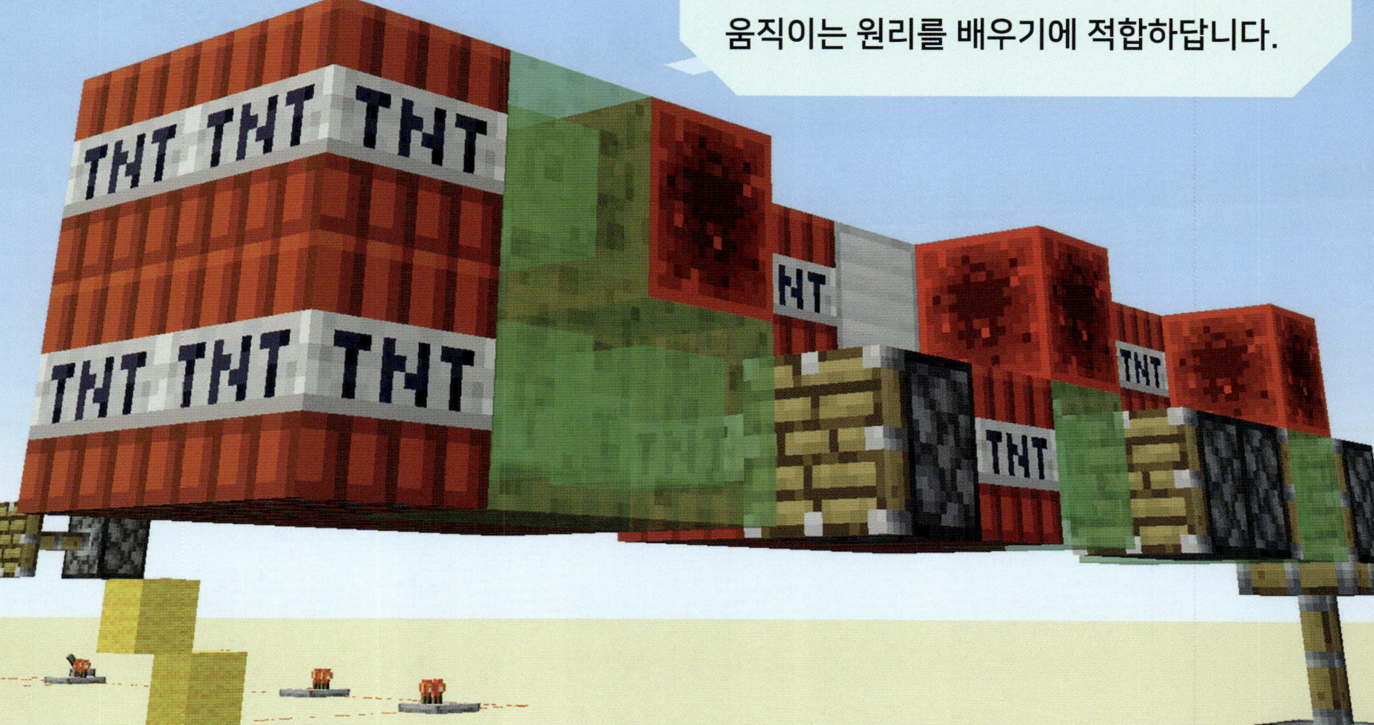

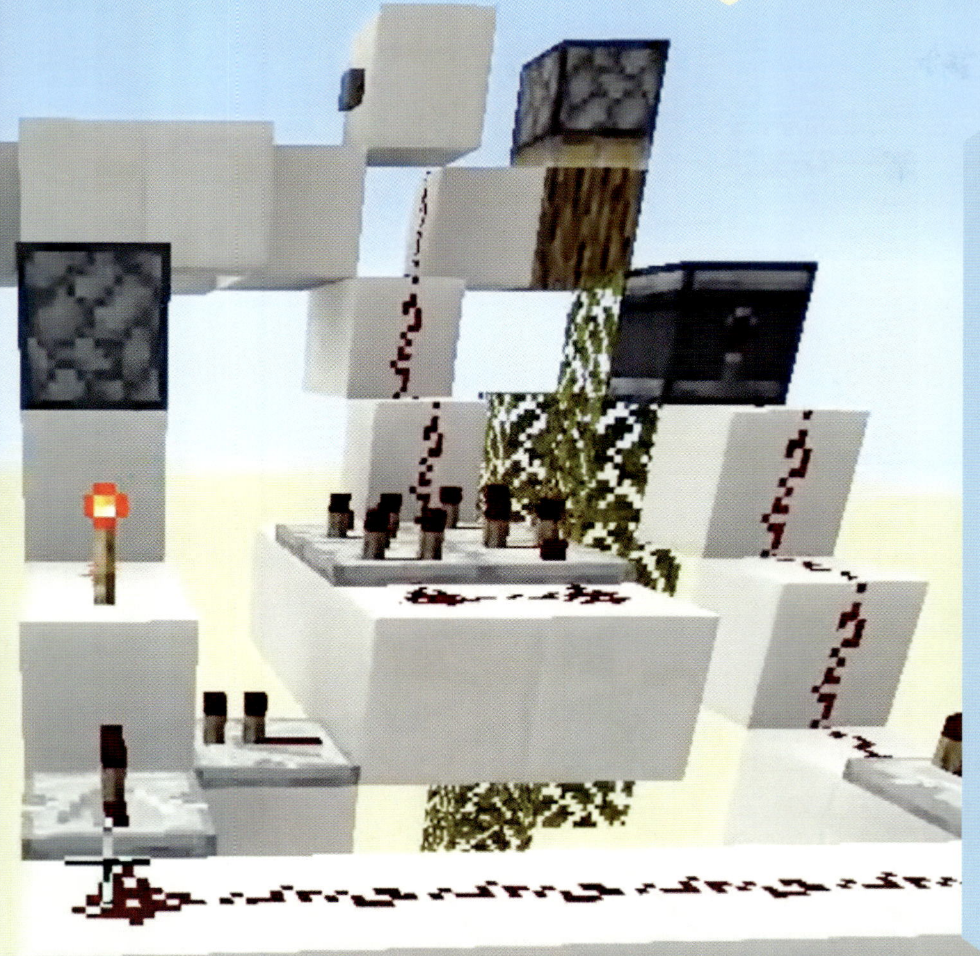

끈끈이 피스톤과 슬라임 블록, 관측기와 레드스톤 회로의 작동 원리를 이해했다면, 이 블록들로 엘리베이터를 만들 수 있습니다! 위를 막지 않으면 기계가 끝없이 하늘로 나아가기 때문에, 멈추길 원하는 곳에 고정된 블록을 놓아야 합니다.

이 블록들이 작동하는 방식은 에디션마다 조금씩 다르지만, 슬라임 엘리베이터를 만드는 원리는 동일하답니다.

슬라임
엘리베이터 만들기

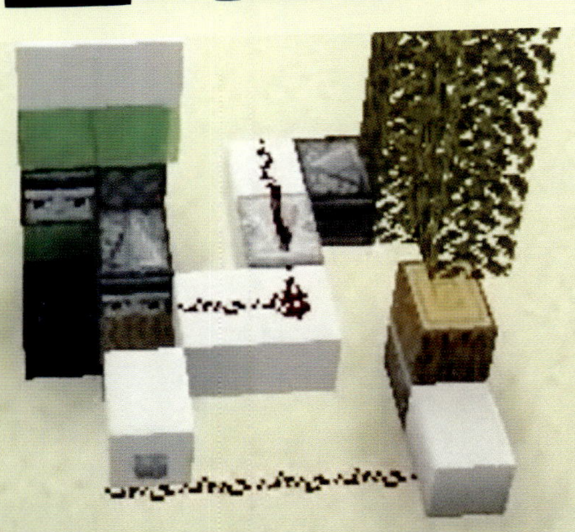

끈끈이 피스톤, 슬라임 블록, 관측기와 레드스톤 가루를 조합하면 하늘을 나는 기계를 만들 수 있습니다! 이 기계를 활용해서 엘리베이터를 만들어 보는 건 어떨까요?

슬라임 화살 발사기 만들기

슬라임 블록으로 화살 발사기를 만들 수 있습니다.

활성화된 끈끈이 피스톤 끝에 슬라임 블록을 놓고, 그 위에 레드스톤 블록을 놓습니다. 그리고 발사하고 싶은 방향에 맞춰 레드스톤 블록 주위에 발사기를 설치합니다. 그다음, 피스톤 옆에 레버나 버튼을 추가해서 신호를 주면 자동으로 화살을 발사하는 장치가 완성됩니다! 발사기에 수백 개의 화살을 넣어 기관총처럼 만들 수도 있답니다.

TNT 발사기 만들기

TNT 발사기는 슬라임 블록 위에 TNT를 발사하면, 피스톤과 슬라임 블록의 경로를 따라 TNT를 안전한 거리까지 밀어내는 장치입니다. 발사기의 출력과 발사되는 타이밍을 제어하는 레드스톤 장치가 필요합니다.

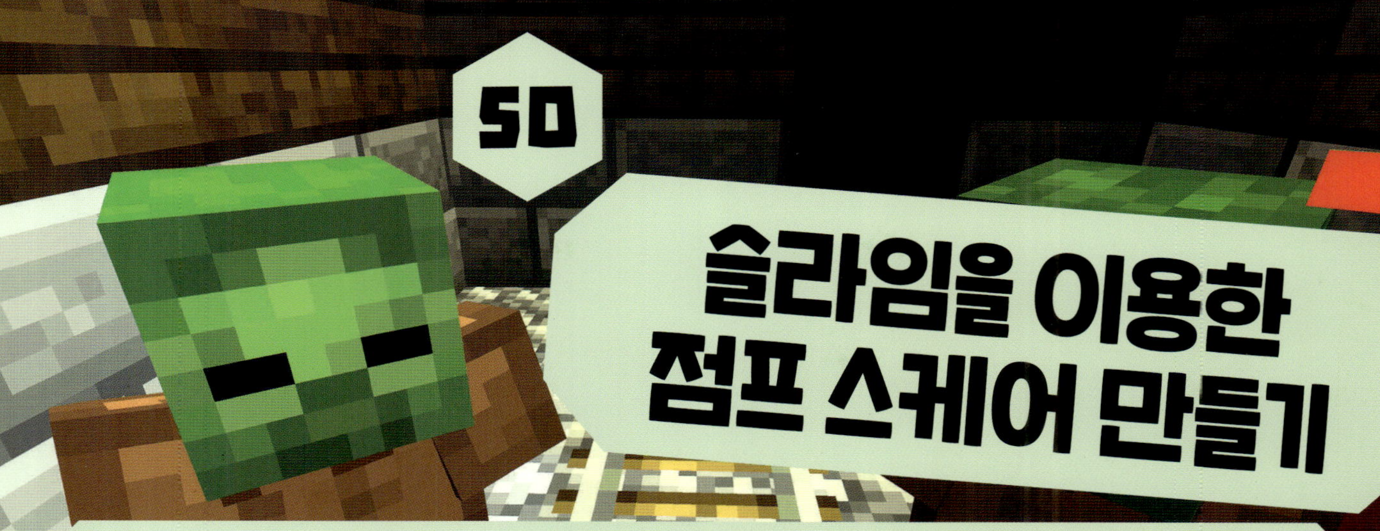

이제 피스톤과 슬라임 블록을 활용하면
물체를 움직일 수 있다는 사실을 알게 되었습니다.
그렇다면 이번에는 슬라임 블록으로 작동하는
점프 스케어를 만들어 보는 건 어떨까요?

점프 스케어란 갑작스럽게 물체를 튀어나오게 하여 놀라게 만드는 연출 방법입니다. 벽에 세로로 2칸 이상의 큰 구멍을 만든 다음, 표지판을 설치합니다.

표지판 위에 그림을 설치하면, 막힌 벽처럼 보이지만 사람이 통과할 수 있는 문이 됩니다. 이렇게 그림을 활용하면 문을 비밀스럽게 숨길 수 있습니다. 비밀의 문 안쪽에는 피스톤과 갑옷 거치대를 설치합니다. 그리고 원하는 위치에 압력판을 설치하고, 레드스톤 가루로 압력판과 피스톤을 몰래 연결합니다. 이제 갑옷 거치대에 무서운 해골을 추가하면 끝입니다!

유령 기차 만들기

위와 같은 장치를 활용해서 광산 수레를 사용하는 유령 기차를 만들어 보면 어떨까요? 철 주괴 6개와 레드스톤 가루 1개, 돌 압력판 1개를 활용하면 감지 레일을 만들 수 있습니다. 감지 레일은 광산 수레가 있을 때만 활성화되는 레일로, 원하는 타이밍에 화살, 폭죽을 쏘거나 물체가 튀어나오게 만드는 등의 기능을 만드는 데 유용합니다. 자유롭게 유령 기차를 만들어 보세요!

슬라임으로 탈것 만들기

슬라임 블록과 피스톤을 가지고 놀다 보면, 이 블록들을 활용해 흥미로운 이동 수단이나 장비를 만들 수 있는 다양한 방법이 존재한다는 사실을 알게 될 것입니다!

비행 기계 만들기

버튼을 누르면 한 번 움직이거나 연속해서 여러 번 움직이는 비행 기계를 간단하게 만들 수 있습니다. 기계 위에 보트를 추가하면 기계가 움직이는 동안 떨어지지 않고 안전하게 비행을 즐길 수 있습니다.

54 다른 이동 방법 시도해 보기

플랫폼을 만들어 움직이는 기계를 탈 수 있는 여러 방법을 실험해 보세요. 피스톤은 최대 블록 12개까지만 밀고 당길 수 있다는 점을 기억해야 합니다. 이동 수단의 모양과 세부 디자인도 여러분 마음대로 골라 보세요.

슬라임 블록의 새롭고 흥미로운 55 사용법 찾아보기

슬라임 블록을 활용하면 땅에서 움직이는 자동차, 하늘에서 움직이는 비행선뿐만 아니라 잠수함이나 로켓까지 만들 수 있습니다. 이 특이하고 매력적인 블록으로 마인크래프트에서 만들 수 있는 새로운 장치를 생각해 보는 일도 재미있을 것입니다!

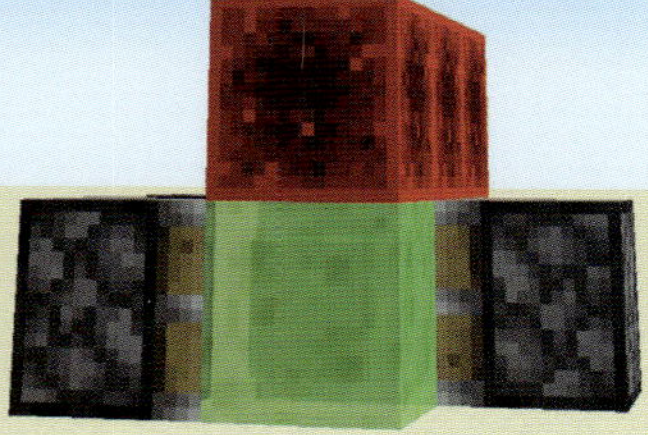
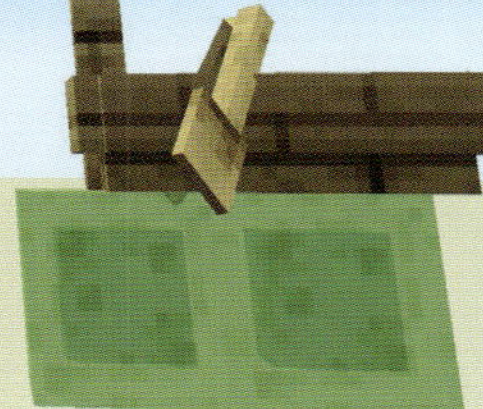

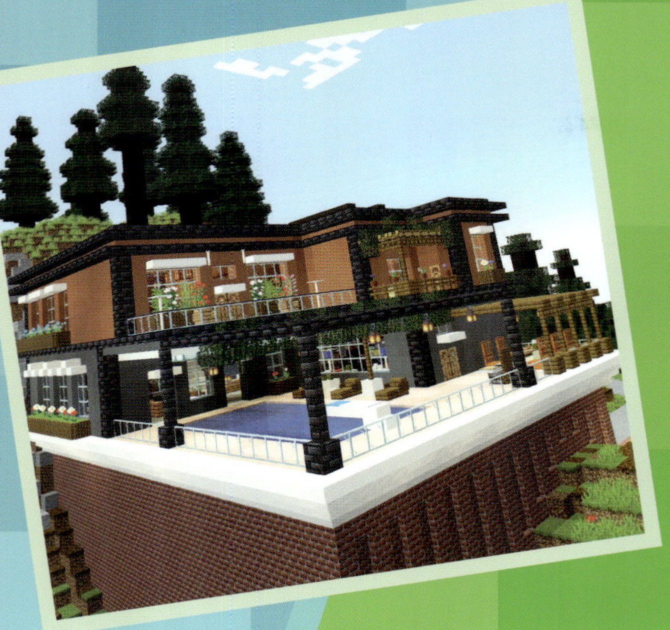

꿈의 집 짓기

나만의 집을 지어 마인크래프트 실력을 뽐내 보는 건 어떨까요?

집을 짓는 데는 여러 가지 방법이 있습니다! 가장 중요한 점은 집 곳곳의 디테일을 챙기는 것입니다. 블록의 종류와 사소한 마감 처리가 큰 차이를 만들기 때문입니다. 인터넷 등을 통해 다른 플레이어들이 어떻게 집을 짓는지 참고해 보세요!

57 생물 군계에 어울리는 집 짓기

집을 단순한 블록이 아닌 집처럼 보이게 하는 방법 중 하나는 집이 위치한 생물 군계를 고려하는 것입니다. 이것은 마인크래프트의 여러 생물 군계 중에서 집을 지을 완벽한 장소를 찾는 과정입니다. 세계 곳곳을 탐험하면 할수록 얼마나 다양한 식물과 나무, 블록이 있는지 알게 될 것입니다. 집을 짓기 전에 먼저 마을을 둘러보며 생물 군계에 따라 집의 스타일이 어떻게 다른지도 확인해 보세요. 해당 생물 군계에 어울리는 집을 짓는 데 도움이 될 것입니다.

상자 방 짓기

집을 지을 때는 상자 방은 어디에 만들지, 또 얼마나 크게 만들지 생각해 보는 것이 좋습니다. 처음 게임을 시작할 때는 자원이 별로 없기 때문에, 저장 공간의 필요성을 느끼지 못할 수도 있습니다. 하지만 게임을 진행하면 할수록 직접 얻은 희귀 자원을 안전하게 보관할 장소가 필요하게 될 것입니다. 또한, 원하는 자원을 바로바로 찾을 수 있도록 물건을 정리하는 것도 중요해질 것입니다. 이때가 바로 상자 방을 만들어야 할 때입니다.

저장 옵션

게임 초반에는 큰 상자 몇 개만 있으면 자신이 가진 모든 자원을 보관할 수 있을지도 모릅니다. 하지만 언제까지나 그렇지만은 않을 것입니다. 똑똑한 마인크래프트 플레이어들은 오랫동안 물건을 편리하게 정리하는 방법을 연구해 왔습니다. 물건을 보관하는 다양한 방법을 알아보고 직접 연구해 보며 여러분에게 맞는 방법을

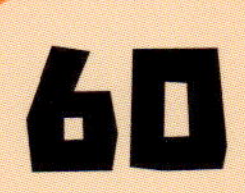

멋진 나무집 만들기

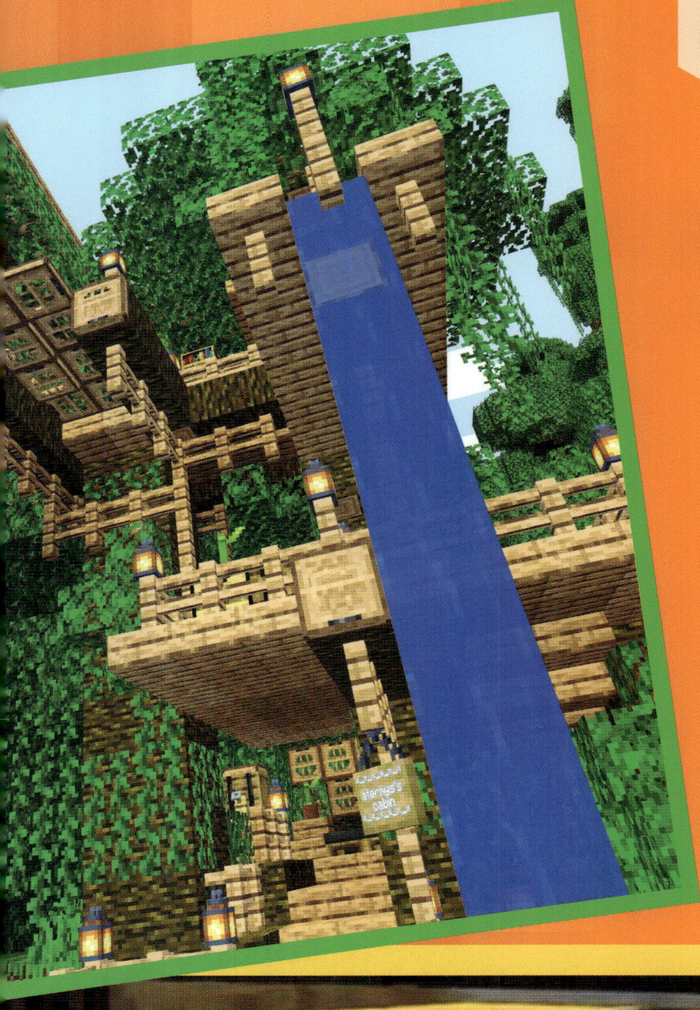

나무집을 근사하게 만들기 위해서는 주변 생물 군계와 같은 나무 블록을 사용해 보세요. 생물 군계와 재료를 맞추지 않으면 나무집이 지나치게 눈에 띌 것입니다. 실제 나무를 활용하여 커다란 나무집을 짓는 것도 멋있습니다. 실제 나무 위에 여러 개의 나무집을 짓고, 다리로 연결하거나 물 등을 추가하며 꾸며 보세요!

연구하기

선택하세요.
레드스톤 회로를 좋아한다면, 물건을 자동으로 분류해 주는 자동 저장 시스템을 활용해 보세요.
레드스톤 회로를 좋아하지 않는다면, 아이템 액자나

표지판을 설치하여 상자 속에 어떤 자원이 있는지 표시해 두세요. 상자에 아이템 액자나 표지판을 부착하고 싶다면 웅크린 상태에서 설치하면 된답니다.

TIP!

셜커 상자는 일반 상자와 다르게 채굴해도 상자 속 아이템이 떨어지지 않습니다. 상자에 넣을 수도 있고, 보관함(인벤토리)에 넣어서 들고 다닐 수도 있습니다.

피라미드 만들기

피라미드는 높고 넓으며, 수많은 블록으로 이루어져 있습니다. 그래서 마인크래프트는 피라미드를 만들기에 완벽합니다!

마인크래프트에서는 운이 좋다면 사막에서 생성된 피라미드를 찾을 수 있습니다. 거대한 규모의 피라미드 안에는 보물이 담긴 상자와 TNT가 숨겨져 있습니다.

그렇다면 이 피라미드를 활용해 기지를 만들거나, 혹은 직접 피라미드를 만들어 거대한 미로나 함정으로 채워 보는 건 어떨까요?

다리 만들기

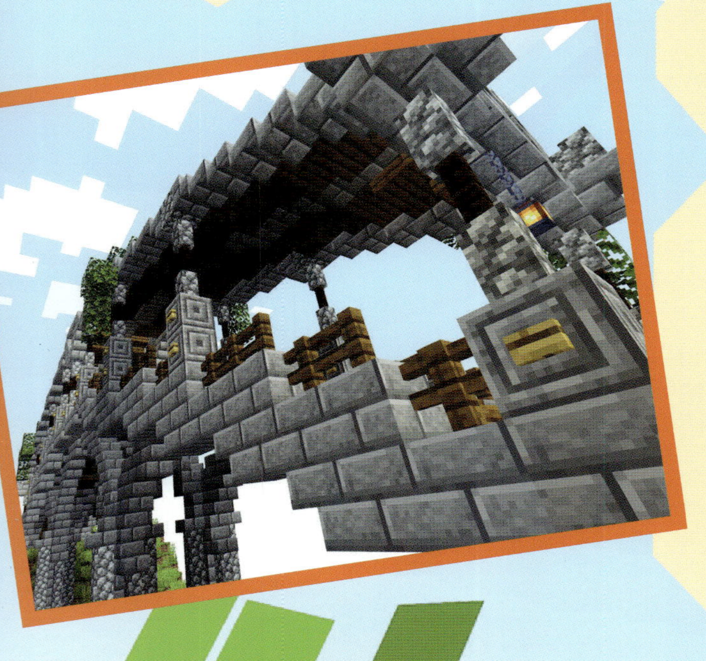

마인크래프트의 중력은 현실과 똑같지 않으며, 대부분의 블록은 공중에 설치해도 바닥으로 떨어지지 않습니다. 이제 커다란 다리를 만들어 보세요!

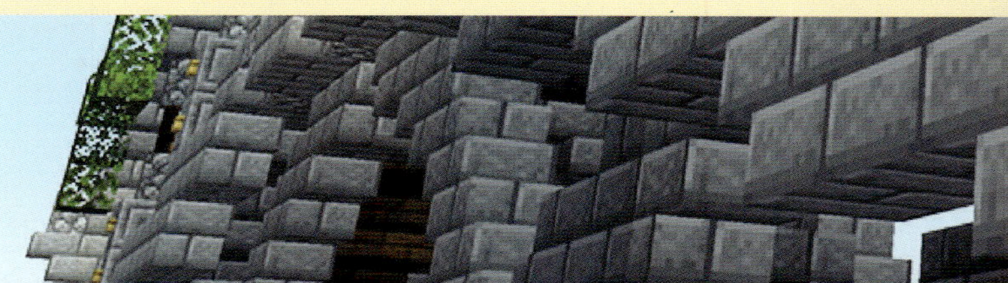

아름다운 정원 짓기

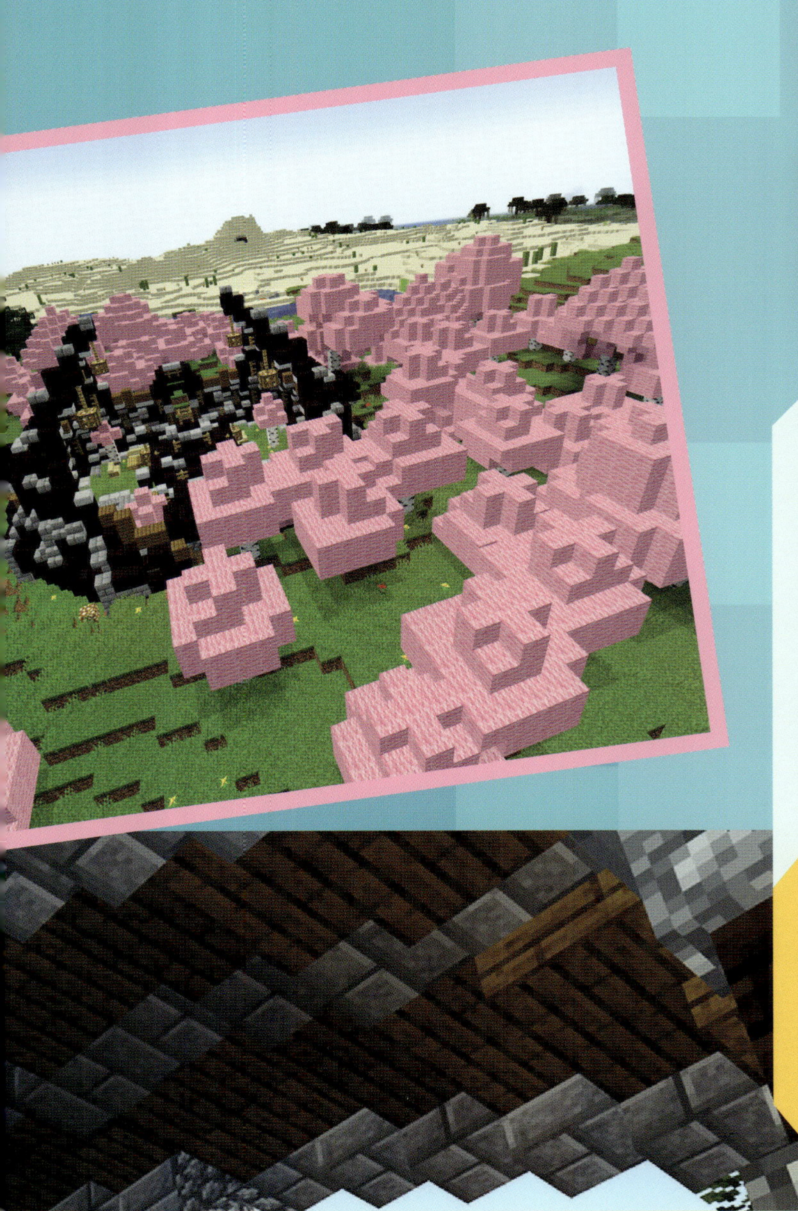

집 주변에 야외 정원을 만들어 보세요. 플레이어가 돌아다닐 수 있는 길을 만들고, 나무나 식물, 폭포, 동물 몹 등을 배치하여 꾸며 보세요.
마인크래프트 1.20 버전에 추가된 벚나무를 활용하여 분홍 꽃잎이 흩날리는 정원을 만들 수도 있답니다.

TIP!

원하는 높이에 블록을 배치하면 나무의 높이를 제한할 수 있습니다.

다 리는 단순한 장식용일 수도 있고, 강이나 계곡으로 인해 멀리 떨어진 두 지점 사이를 손쉽게 오갈 수 있도록 도와주는 수단일 수도 있습니다.
물속에 레일을 놓는 방법도 있지만, 물 위에는 놓을 수 없기 때문에 물 위를 빠르게 건너고 싶다면 블록으로 다리를 만들어야 합니다.
다리는 다른 지역으로 이동해서 새로운 몹을 만나고 새로운 자원을 얻기 위한 완벽한 방법이랍니다.

장식용 농장 만들기

마인크래프트의 모든 농장이 꼭 생산적일 필요는 없습니다!

벌과 함께 재미있게 놀기

창의력을 발휘하고 싶거나 독특한 분위기를 연출하고 싶다면, 집에 시골풍의 농장을 만들어 보는 건 어떨까요? 마인크래프트에서 포도를 재배할 수는 없지만, 울타리와 잎, 보라색 블록을 활용해서 그럴듯해 보이는 포도밭을 만들 수는 있습니다.

포도 외에도 여러 블록을 사용하면 진짜처럼 보이는 농작물을 만들어낼 수 있습니다. 물론 먼저 아름다운 농장과 헛간을 만들어야 한답니다!

정원이나 농장에서 벌을 키우면 꿀을 수확할 수 있습니다. 벌집은 섬세한 손길 마법을 부여한 도구로 수집해야 합니다. 일반 도구로 벌집을 채굴하면, 벌집은 부서지고 벌이 여러분을 공격할 것입니다. 꽃이 가득 핀 곳에 벌집을 놓으면 벌이 꽃에서 꿀을 채집한 뒤 벌집에 채울 것입니다. 벌집 주변에 모닥불을 설치해 두면 벌집에서 꿀을 수확해도 벌이 공격적인 상태가 되지 않는답니다.

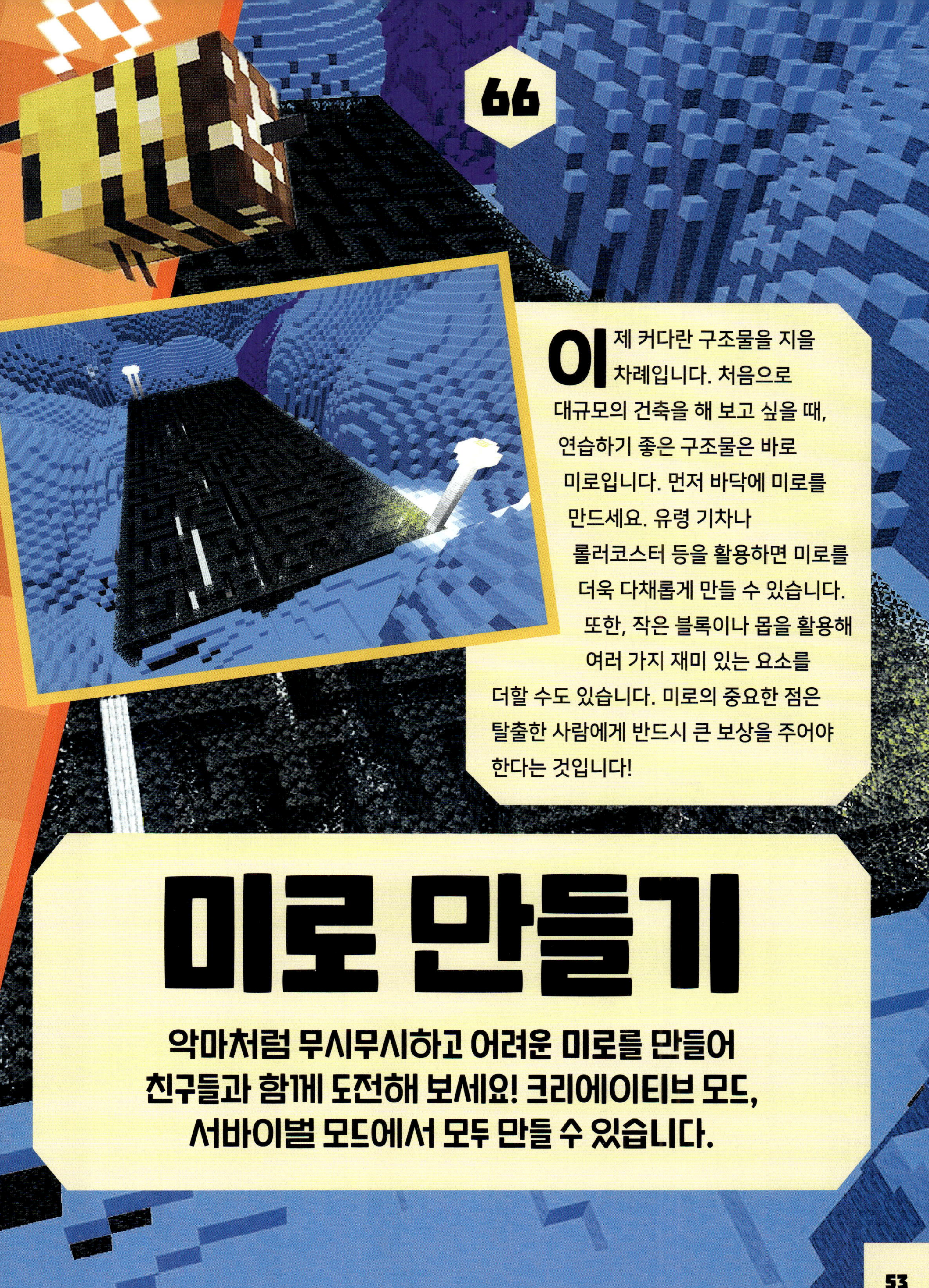

66

이제 커다란 구조물을 지을 차례입니다. 처음으로 대규모의 건축을 해 보고 싶을 때, 연습하기 좋은 구조물은 바로 미로입니다. 먼저 바닥에 미로를 만드세요. 유령 기차나 롤러코스터 등을 활용하면 미로를 더욱 다채롭게 만들 수 있습니다. 또한, 작은 블록이나 몹을 활용해 여러 가지 재미 있는 요소를 더할 수도 있습니다. 미로의 중요한 점은 탈출한 사람에게 반드시 큰 보상을 주어야 한다는 것입니다!

미로 만들기

악마처럼 무시무시하고 어려운 미로를 만들어 친구들과 함께 도전해 보세요! 크리에이티브 모드, 서바이벌 모드에서 모두 만들 수 있습니다.

배 만들기

마인크래프트의 바다에서는 난파선을 찾을 수 있습니다. 아니면 직접 배를 만들어 보는 건 어떨까요?

바다에서 직접 난파선을 찾지 않더라도, 멋진 해적선이나 현대식 요트를 만들어 집을 꾸밀 수 있습니다. 배의 바닥을 유리로 만들면 발밑으로 바다를 관찰할 수도 있습니다. 하늘 기지를 지을 때와 마찬가지로 바다의

밑바닥부터 기둥을 세우고, 구조물의 바닥을 만들어야 합니다.
그런 다음 기둥을 제거하면 바다 위에 떠 있는 배가 완성됩니다.

68 우주선 만들기

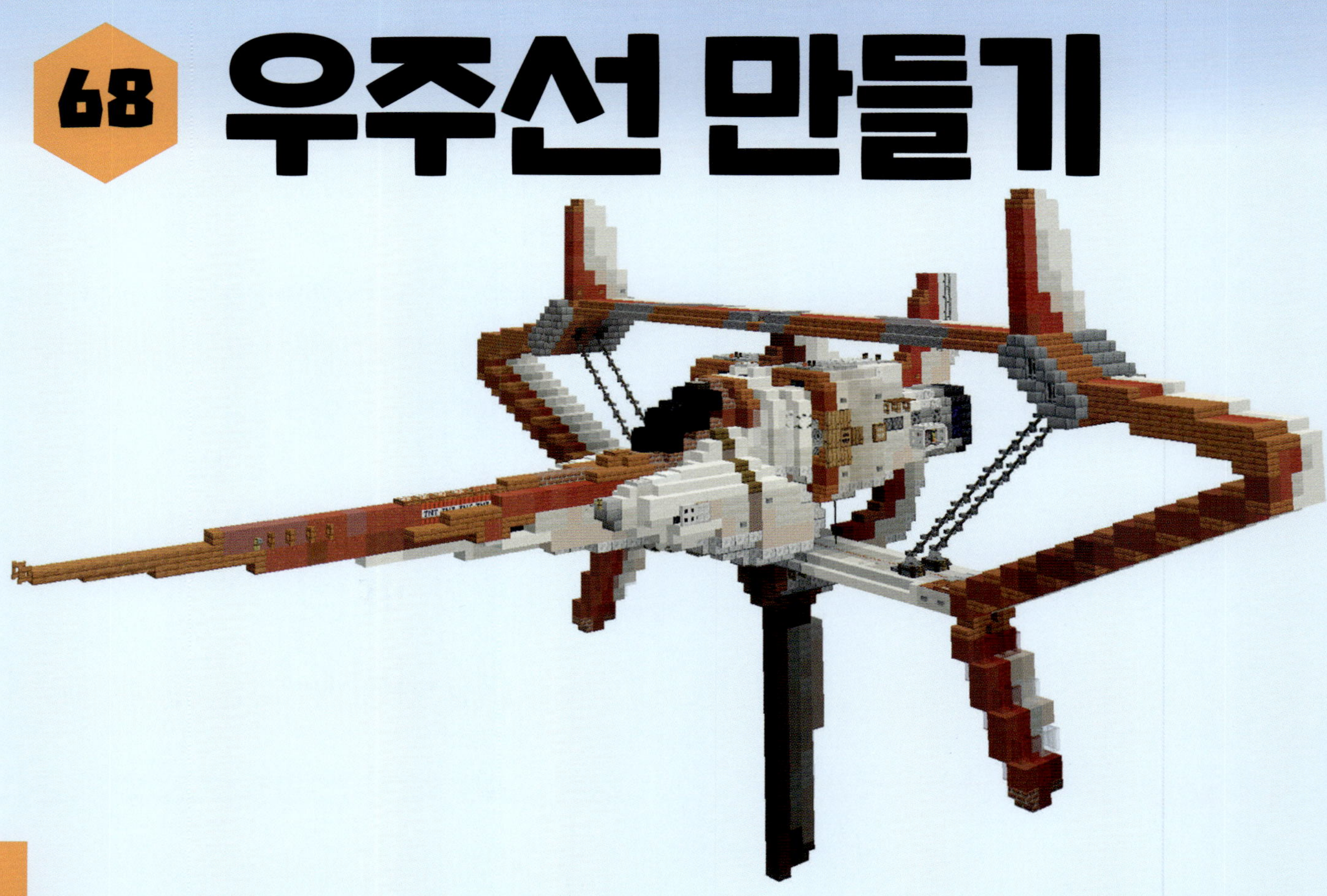

나만의 구조물 만들기

멋진 구조물을 만들고 싶다면, 크리에이티브 모드를 활용해 보세요. 원하는 모든 자원을 사용할 수 있습니다.

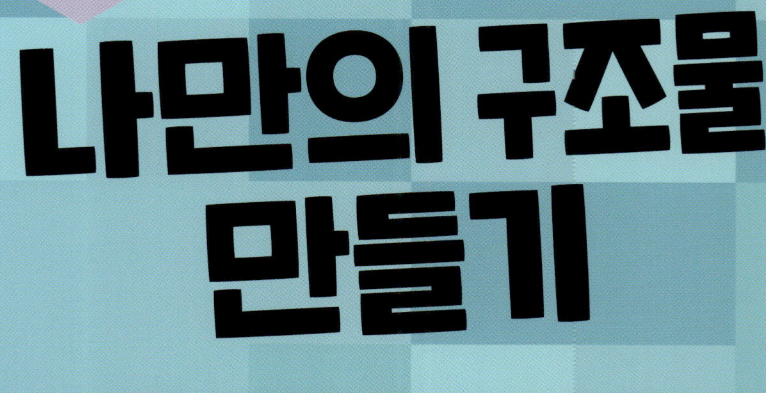

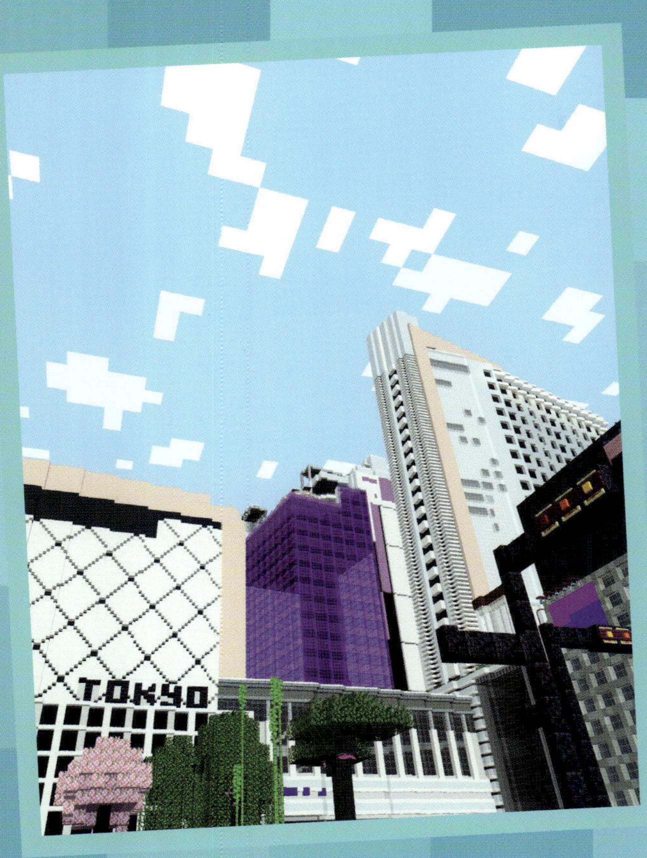

인터넷에 원하는 구조물을 검색하고, 다른 플레이어들의 아이디어를 참고해 보세요. 인터넷에서는 다양하고 멋있는 구조물의 예시를 끝없이 찾을 수 있습니다. 정말 거대한 규모의 건축을 하고 싶다면, 건축을 도와줄 수 있는 몇 가지 도구를 알아 두세요.

월드 에딧(World Edit)은 명령어로 손쉽게 블록을 설치할 수 있는 플러그인입니다. 엠씨 에디트(MC Edit)는 맵 자체를 수정할 수 있고, 복쉘 스나이퍼(Voxel Snipe)나 월드 페인터(World Painter)를 활용하면 그림판에서 그림을 그리듯이 지형을 생성하고 수정할 수 있습니다. 이것들은 모두 여러 블록을 한 번에 수정하는 데 활용되며, 건축 시간을 단축해 줍니다.

하지만 이러한 기능들을 완벽하게 사용하려면 전문 지식과 기술이 필요합니다. 마인크래프트 외부 사이트를 방문할 때는 항상 어른과 함께 확인하세요!

마인크래프트에서 우주선을 만든다고 해서 우주로 날아갈 순 없습니다. 하지만 우주선은 하늘 기지를 꾸밀 때 활용할 수 있는 훌륭한 구조물입니다.

공상 과학 소설에 나오는 우주선, NASA의 우주 왕복선이나 실제 우주선, 또는 상상 속 나만의 우주선을 만들어 보세요. 선택은 여러분에게 달려 있답니다!

마인크래프트에서 크리스마스 즐기기

크리스마스 분위기가 물씬 나는 맵을 만들어 크리스마스를 즐겨 보세요!

친구들과 함께 눈 덮인 생물 군계를 겨울 속 동화 나라처럼 만들고, 마인크래프트에서도 크리스마스를 즐겨 보세요. 산타의 집, 눈사람 마을 등 여러 가지 콘셉트를 상상하며 꾸며 보는 것은 어떨까요? 다양한 나무 블록과 초, 모닥불은 크리스마스 분위기를 더하는 데 큰 도움이 됩니다! 말린 켈프 블록은 선물 상자처럼 생겨서 활용하기 좋습니다. 특히, 밝은 양털과 함께 설치하면 알록달록한 모습을 연출할 수 있습니다. 초, 랜턴, 자수정 블록 등 다양한 블록으로 원하는 만큼 꾸며 보세요!

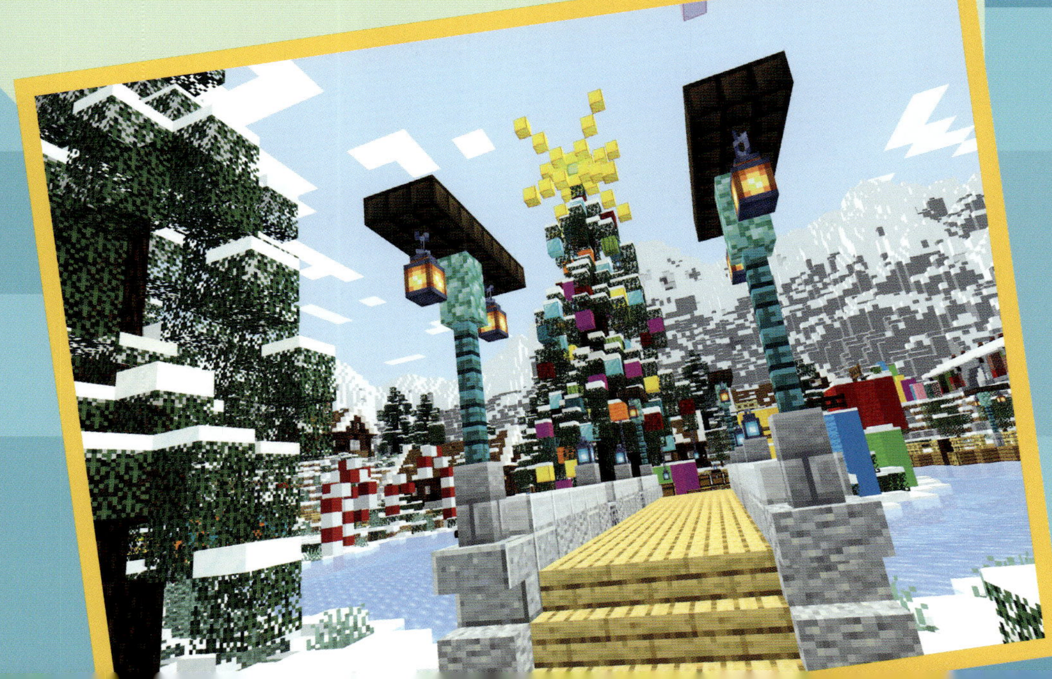

축제 분위기의 나무 만들기

완벽한 크리스마스에는 멋진 나무가 필요합니다. 나무에 장식을 더해 마법 같은 분위기를 연출해 보세요.

소나무를 만들 때는 중앙의 기둥을 중심으로, 일정한 높이마다 가지를 추가하면 됩니다. 큰 나무의 경우, 한 층당 6개의 가지가 있는 편이 좋습니다. 대칭을 생각하면서 가지를 만들고, 3블록 위에 또 새로운 가지를 만드세요.

위로 올라갈 때마다 가지의 길이를 한 블록씩 줄입니다. 그리고 가문비나무 잎으로 나무가 자연스럽게 보이도록 채우세요. 나뭇가지의 가장 바깥쪽에 잎을 추가한 다음, 가지의 위아래를 잎으로 채워 나가 보세요.

72 양초와 조명 추가하기

나무에 조명을 추가하면 더욱 아름다운 크리스마스 분위기를 연출할 수 있습니다. 다시 한번 말하지만, 대칭에 신경 써서 건축한다면

디자인이 더욱 깔끔해 보일 것입니다! 커다란 나무를 만들었다면, 레드스톤 조명을 활용해 반짝이는 조명 쇼도 만들어 보세요!

캔디 케인 만들기

캔디 케인은 축제 분위기를 한층 무르익게 만들어 줄 수 있습니다.

캔디 케인은 지팡이 모양의 사탕으로, 빨간색과 하얀색 줄무늬가 있습니다. 간단하게 만들 수 있고, 눈 덮인 생물 군계를 근사한 크리스마스로 만드는 데 큰 도움이 됩니다. 원하는 색상으로 자유롭게 만들 수 있지만, 일반적으로 빨간색과 초록색에 흰색을 추가하는 것이 가장 잘 어울립니다. 또한, 부드러운 색상의 콘크리트라면 더할 나위 없이 완벽합니다. 한 가지 색상의 블록을 먼저 설치한 다음, 색이 번갈아 가면서 등장하도록 추가해 보세요. 가로 일직선으로 된 패턴도 멋있긴 하지만, 지팡이 모양의 곡선을 표현하기에는 그리 좋지 않습니다! 대각선으로 올라가는 패턴을 활용한다면 더욱 멋있답니다.

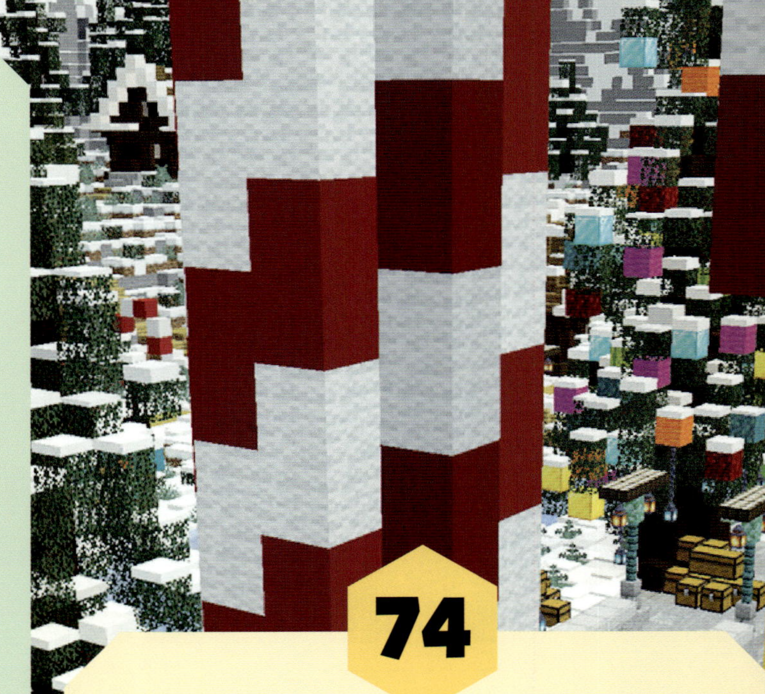

호두까기 인형 만들기

고전적인 디자인의 호두까기 인형은 구조물 건축을 연습하기에 좋은 형태입니다. 크리스마스 축제에서 열리는 발레 공연으로 관심을 받고 있는 병정의 모습을 마인크래프트에서 멋지게 재현해 보세요!

광산 수레와 동력 레일, 레드스톤 가루로 여러분의 전문성을 시험해 보고 싶다면, 거대한 롤러코스터를 만들어 보세요! 나무 블록과 울타리를 활용하면 오래된 느낌의 나무 롤러코스터를 만들 수 있습니다.

레일이 시작하는 지점에 발사기를, 끝나는 지점에 호퍼를 사용하면 광산 수레를 자동으로 작동시키는 시스템을 만들 수 있습니다.

또한, 관측기 두 개를 서로 마주 보게 하면 서로를 관측하며 지속해서 신호를 보내는데, 동력 레일을 함께 활용해 실제 수레를 타는 것처럼 천천히 오르막을 오르게 할 수도 있습니다! 밝은색의 무지개 터널, 물속으로 들어가는 듯한 연출, 광산 수레가 지나갈 때 맞춰서 터지는 폭죽, 반복해서 롤러코스터를 즐기는 기능 등 원하는 기능은 무엇이든 추가할 수 있답니다.

롤러코스터 만들기

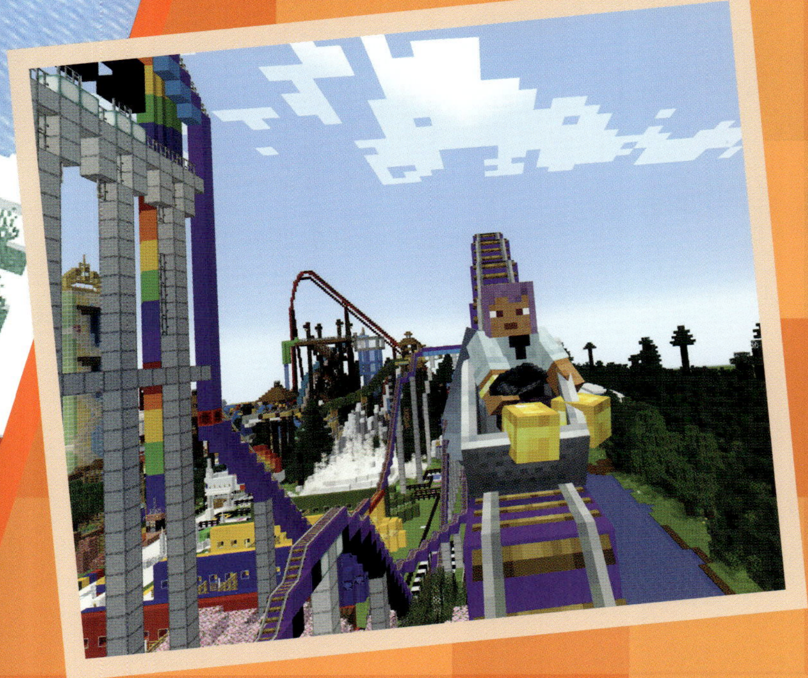

광산 수레는 먼 거리를 이동할 때 유용하지만, 단순한 이동 수단 말고도 훨씬 더 많은 것을 할 수 있습니다. 광산 수레를 이용해 재미있게 놀아 보면 어떨까요?

새로운 방식으로 플레이해 보기

마인크래프트에서 즐길 수 있는 것은 훨씬 더 많습니다.

새로운 맵을 설치하거나 온라인 서버를 플레이하면 마인크래프트를 또 새롭게 즐길 수 있습니다. 인터넷에는 플레이어들이 넓은 오픈 월드와 특별한 프로그램을 활용해 제작한 수백 가지의 다양한 맵이 있습니다.

새로운 세계를 탐험하고 싶거나, 더 다양한 몹을 만나고 특별한 도전을 하고 싶거나, 지금까지 마인크래프트에서 배운 기술들로 완전히 다른 게임을 플레이하고 싶을 때, 마인크래프트에는 항상 여러분을 위한 무언가가 기다리고 있을 것입니다!

온라인 서버에 연결하기

마인크래프트는 서버에 연결하여 온라인에서 친구들과 함께 플레이할 수 있습니다. 어떤 에디션이든, 먼저 연결하려는 서버의 주소를 알고 있어야 합니다.

베드락 에디션은 서버 탭의 목록에서 서버를 선택하거나 원하는 서버의 주소를 입력해서 참여할 수 있습니다. 자바 에디션에서는 게임 시작 화면에서 멀티플레이를 선택하면 새로운 서버를 추가할 수 있습니다.

실제 친구의 서버에만 참여해야 하며, 멀티플레이 전에 반드시 어른의 허락을 받으세요!

파쿠르 체험하기

파쿠르에서는 지상과 공중의 다양한 코스를 탐색하면서 마인크래프트 실력을 키울 수 있습니다.

파쿠르는 마인크래프트에서 가장 인기 있고 유명한 맵의 유형으로, 블록 사이를 점프하며 길을 찾아가는 방식입니다. 플레이어는 제한된 시간 안에, 혹은 다른 플레이어와 경쟁하면서 까다로운 장애물 코스를 도전하게 됩니다.

뛰어난 컨트롤 능력이 필요하기 때문에 마인크래프트 실력을 끌어올리기 아주 좋습니다. 인터넷의 맵 사이트나 베드락 에디션의 마켓플레이스 등에서 파쿠르 맵을 찾아보세요.

완벽하게 비행하기

또다른 재미있는 맵으로는 겉날개 레이싱이 있습니다. 플레이어는 겉날개를 이용해 제한 시간 내에 결승 지점에 도착하는 등의 퀘스트를 수행할 수 있습니다.

맵을 설치하여 혼자 연습하는 것도 좋지만, 겉날개 레이싱 경쟁을 즐길 수 있는 서버를 찾는 것도 좋은 방법입니다. 이러한 서버에는 ElytraMC, MoxMC 등이 있답니다.

침대 전쟁 즐기기

**침대 전쟁에는 오랜 역사가 있으며,
마인크래프트 실력을 키우고 뽐내기 좋은 방법입니다.**

침대 전쟁은 '깃발 뺏기'의 변형으로, 마지막까지 살아남는 플레이어가 우승하는 PvP 기반의 게임입니다.

플레이어는 공중 섬으로 이루어진 맵을 탐색하며, 적의 기지로 이동해 침대를 파괴해야 합니다. 서로 공격할 수 있고, 죽으면 자신의 침대에서 다시 스폰됩니다.

하지만 자신의 침대가 파괴된 이후부터는 죽으면 다시 살아날 수 없습니다. 내 침대를 지키면서 경쟁자의 침대를 파괴하고, 좋은 무기와 갑옷, 아이템을 획득해서 강해지는 등 신경 써야 하는 게 많아 어렵지만 그만큼 재미있는 게임이랍니다.

마인크래프트의 침대 전쟁이 이렇게 발전한 이유는 유명 마인크래프트 서버인 '하이픽셀(Hypixel)'서버에 추가되었을 때 큰 인기를 끌었기 때문입니다. 하이픽셀 서버는 침대 전쟁의 게임 방법을 바꾸거나 추가하고, 다양한 맵을 디자인하여 더욱 다채롭게 즐길 수 있도록 했습니다. 또한, 플레이어가 게임을 통해 서버 내에서 사용할 수 있는 자산을 얻는 등의 보상 기능도 추가했습니다.

색다른 RPG 게임하기

81

**마인크래프트에서 기존과는 살짝 다른,
특별한 롤플레잉 게임에 도전해 보세요!**

까다로운 퍼즐 풀기

마인크래프트에서 인기 있는 또 다른 맵의 유형은 바로 퍼즐 게임입니다. 인터넷에서 찾을 수 있는 마인크래프트 맵 사이트는 방 탈출을 비롯한 수많은 퍼즐 게임으로 가득합니다. 또한, 대규모 RPG 서버에도 다양한 퍼즐 게임과 가볍게 즐길 수 있는 미니 게임이 있습니다.

거대한 규모에 많은 사람이 함께 즐기는 온라인 롤플레잉 게임(MMORPG)을 좋아하나요? 마인크래프트에도 흥미로운 RPG 서버가 많이 있습니다!

먼저 유명한 '윈 크래프트(WynnCraft)'가 있습니다. 윈 크래프트는 중세 판타지를 배경으로, 거대한 맵으로 이루어져 있습니다. 세계를 탐험하거나 퀘스트를 수행하고, 직업을 가지거나 다른 플레이어와 거래하는 등 다양한 롤플레잉 게임의 요소들을 즐길 수 있습니다. 인기 어드벤처 게임을 기반으로 한 '마인 스케이프(Minescape)'와, 포켓몬을 수집하고 배틀하는 등 '포켓몬스터'와 비슷한 요소를 즐길 수 있는 '픽셀몬크래프트(PixelmonCraft)'도 있습니다!

〈반지의 제왕〉의 작가인 J. R. R. 톨킨의 세계관 속 가운데땅을 기반으로 만든 서버도 있습니다. 바로 '미들어스(Minecraft Middle Earth)'입니다. 오랜 역사와 큰 인기를 가지고 있고, 광활한 맵을 탐험하거나 건축 연습을 하는 등 자유롭게 즐길 수 있답니다.

감옥 체험하기

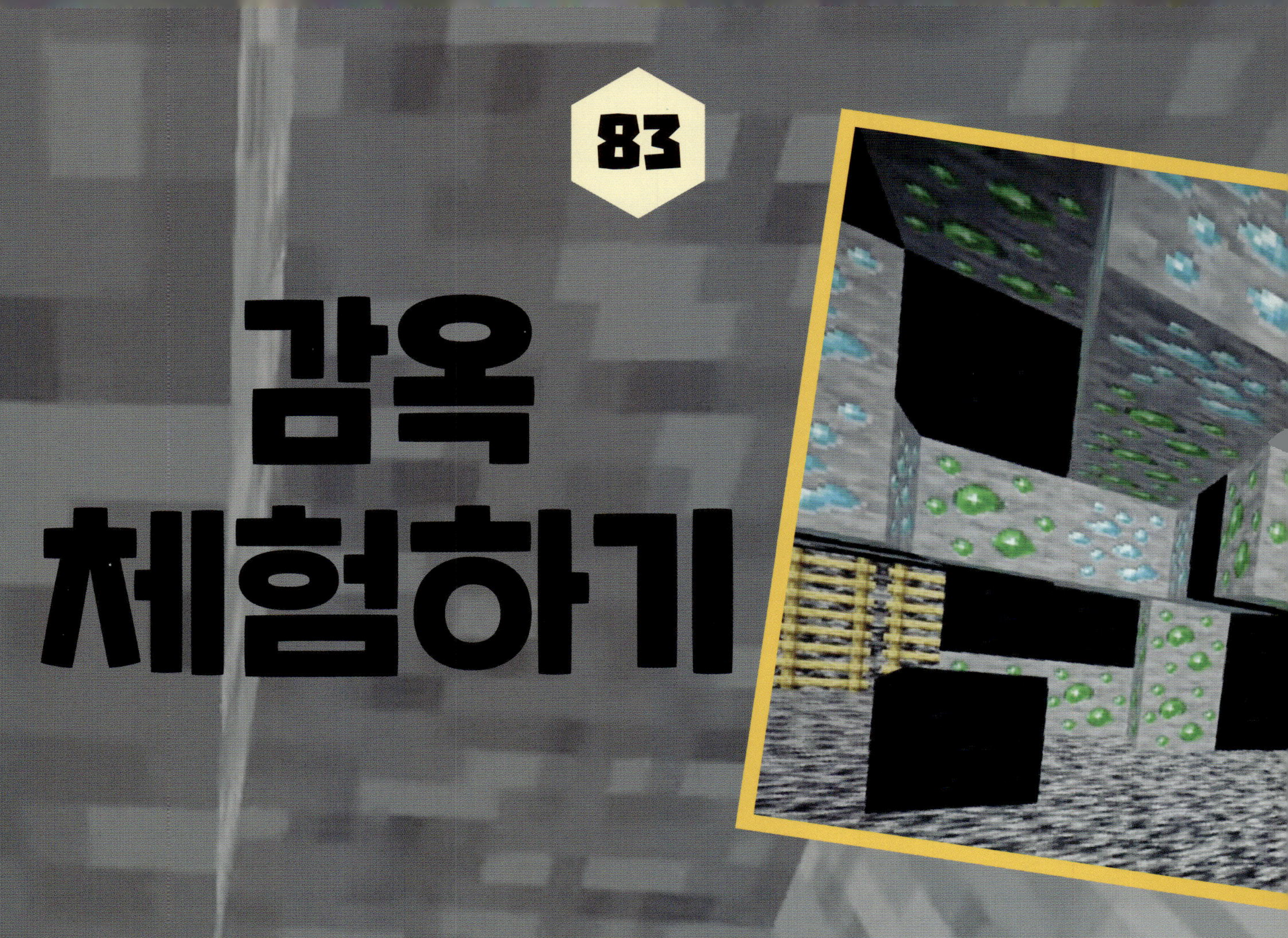

감옥에서는
채굴이나 파밍을 통해 레벨을 높이고,
더 높은 장비를 얻을 수 있습니다.

감옥(Prison)은 마인크래프트의 게임 유형 중 하나로, 기존 마인크래프트에서는 지루하게 느껴질 수도 있는 반복적인 노동을 감옥에서는 중요하게 생각합니다. 처음 게임을 시작하면 낮은 랭크에서 기본 도구를 가지고 시작합니다. 플레이어는 광산에서 자원을 채굴하여 돈을 벌 수 있고, 돈으로 랭크를 올리고 더 좋은 도구를 얻을 수 있습니다.

채굴에서 보람을 느끼거나 채굴을 좋아하는 플레이어라면 이 게임이 딱 맞을 것입니다.

인기 있는 게임 방식이며, 서버에 따라 다양한 규칙과 보상이 있으니 한번 도전해 보세요!

스카이블록 도전하기

스카이블록은 제한된 자원으로 어떻게든 살아남는 서바이벌 맵입니다. 플레이어는 작은 공중섬에서 시작하며, 초기 자원은 보통 나무 한 그루와 용암, 얼음 정도뿐입니다. 이 제한된 자원들로 주변의 작은 섬들을 돌아다니며 추가 자원을 모으고, 무기와 갑옷을 업그레이드해야 합니다. 따라서 자원을 효율적으로 사용해야 하고, 농사 등의 파밍이 매우 중요합니다.

마인크래프트 지식을 시험하기 위해 설계된 스카이블록은 모든 플레이어가 도전할 수 있습니다. 하지만 실력이 부족하다면 스카이블록에서 의미 있는 발전을 이루기 위해 수없이 재시작해야 할지도 모릅니다.

원 블록 도전하기

원 블록은 스카이블록에서 확장된 맵으로, 단 하나의 블록 위에서 시작합니다.

원 블록에서는 플레이어가 스폰된 첫 번째 블록을 채굴하면, 같은 자리에 새로운 블록이 생성됩니다. 이 시스템을 통해 다양한 자원을 획득해서 땅을 넓히고, 장비를 업그레이드하고 식량을 모으며 살아남아 보세요!

나만의 세계 만들기

무작위로 생성되는 세계를 마주하는 것은 언제나 재미있습니다.
하지만 시드를 사용해 원하는 세계를 골라서
나만의 세계를 만들어 보는 일도 재미있을 것입니다!

마인크래프트 세계는 절차에 따라 생성됩니다. 아주 복잡한 수학을 사용하여 생물 군계와 구조물의 위치, 그리고 기타 모든 요소를 무작위로 배치한다는 뜻입니다. 그리고 이 결과값은 '시드(seed)'라고 하는 숫자로 표시됩니다.

자바 에디션은 게임에서 명령어 /seed를 입력하면 시드를 확인할 수 있고, 베드락 에디션에서는 게임 설정에서 확인할 수 있습니다.

이 시드는 고정되어, 같은 시드를 입력하면 항상 같은 세계가 생성됩니다. 즉, 다른 플레이어와 시드를 공유하고 특이한 시드를 수집할 수 있다는 뜻입니다. 시드를 활용해 다양한 세계의 독특하고 재미있는 지형을 직접 만나 보세요!

시드 사용법 배우기

어떤 사람들은
속임수라고 생각하지만,
여러분에게는 큰 도움이
될 수 있는 온라인 사이트가
있습니다.

다양한 시드 사용해 보기

온라인에서 생존에 도움이 되는 구조물이 스폰 지점과 가까이에 있다거나, 광활하고 멋있는 풍경이 있는 등의 특별한 시드를 찾아서 사용할 수 있습니다. 맵이 생성된 후에는 시드를 변경할 수 없으므로, 특정 시드를 사용하고 싶다면 꼭 맵을 생성할 때 설정하세요.

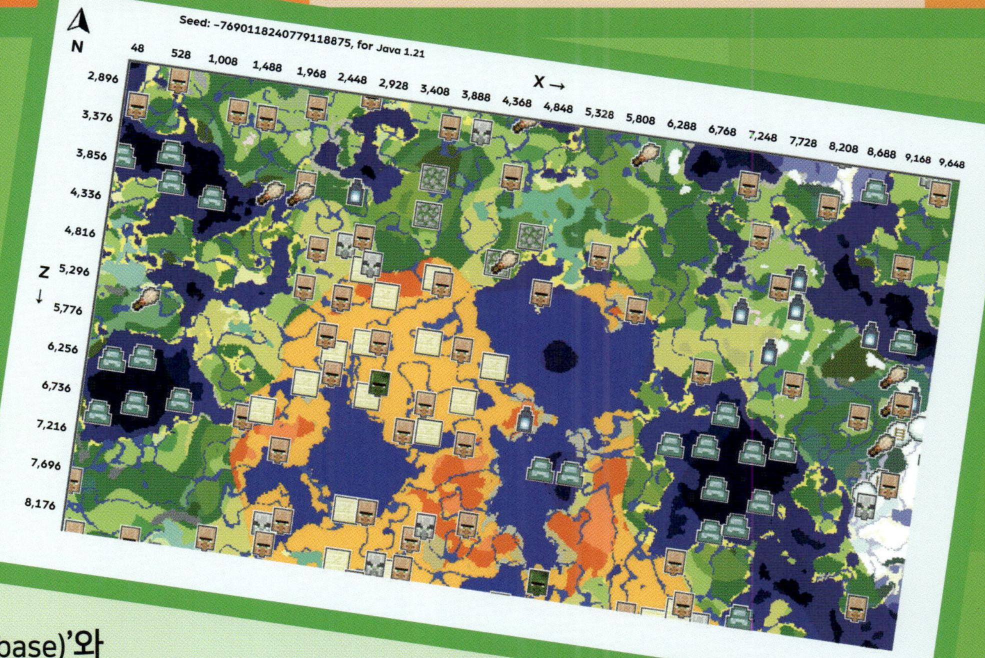

마인크래프트 세계는 절차에 따라 생성되기 때문에, 시드를 보고 세계가 어떤 모습일지 예측할 수 있습니다. '청크베이스(Chunkbase)'와 '엠씨시드맵(MCSeedMap)'은 시드를 입력하면 세계의 상세한 지도를 보여 주는 온라인 사이트입니다. 지도에서 내가 원하는 특정 생물 군계나 구조물만 표시하도록 하는 기능도 있습니다.

　두 사이트 모두 완벽하게 정확하진 않습니다. 마인크래프트 시드에는 예측하기 힘든 일부 무작위성 요소가 있기 때문입니다. 따라서 던전, 엔드 도시, 자수정 정동, 심지어 스폰 지점까지 여러 위치가 틀릴 수도 있지만, 대체로 상당히 근접하답니다.

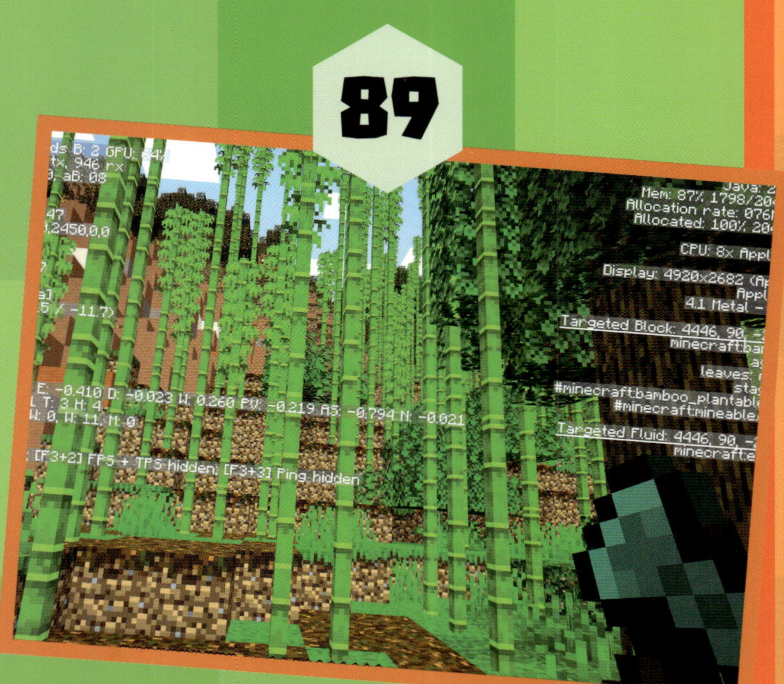

디버그 데이터 사용하기

자바 에디션에서는 디버그 기능을 활용해 세계의 다양한 정보를 확인할 수 있습니다. F3(맥의 경우 Fn+F3)을 누르면 어느 버전에서 플레이하고 있는지, 플레이어가 위치한 좌표가 무엇인지, 어느 방향으로 향하고 있는지, 어떤 생물 군계에 있는지 등을 모두 텍스트로 확인할 수 있답니다!

명령어 입력하기

마인크래프트에서는 슬래시(/)를 이용해 직접 다양한 명령어를 사용할 수 있습니다. 특히 크리에이티브 모드에서 알아 두면 편리합니다. /locate는 특정 생물 군계나 구조물을 찾을 수 있고, /teleport 혹은 /tp는 먼 거리를 순간이동할 수 있습니다. 이러한 기능을 사용하려면 치트가 활성화되어 있어야 하고, 활성화된 상태에서 채팅창에 입력하면 바로 실행됩니다.

서바이벌 모드에서도 치트를 활성화할 수 있습니다. 하지만 활성화될 경우, 베드락 에디션에서는 도전 과제가 비활성화되며, 다시 치트를 꺼도 되돌아오지 않습니다.

TIP!

크리에이티브 모드에서는 입력해 둔 명령어를 자동으로 사용하는 명령 블록이 필요할 때가 있습니다. 명령 블록은 자바 에디션의 설정에서 관리자 아이템 탭을 활성화하면 사용할 수 있습니다.

마인크래프트 플레이어들이 게임에서 가장 좋아하는 것 중 하나는 캐릭터의 의상이나 머리를 바꾸는 것입니다. 여러분도 할 수 있습니다!

베드락 에디션은 탈의실에서 광범위한 커스터마이징을 즐길 수 있습니다. 머리카락, 눈 등을 선택하여 기본 스킨을 변경할 수도 있고, 모자, 가방 등 멋진 3D 아이템을 사용할 수도 있습니다.

자바 에디션에는 커스터마이징 기능이 없지만 내가 원하는 스킨을 불러올 수 있습니다. 먼저 다양한 온라인 사이트들을 통해 직접 스킨을 제작하거나 다른 플레이어가 만들어 둔 스킨을 저장합니다. 스킨과 관련된 온라인 사이트로는 '스킨덱스(Skindex)', '플래닛 마인크래프트(Planet Minecraft)', '블록 벤치(Block Bench)', '엠씨 스킨스(MC Skins)' 등이 있습니다. 그다음 저장한 스킨 파일을 게임으로 불러오면 된답니다.

TIP!

베드락 에디션에서도 스킨을 불러올 수 있지만, 불러온 스킨에는 마켓플레이스 아이템을 적용할 수 없습니다.

나만의 스킨 만들기

셰이더 팩 적용하기

셰이더를 변경해도 마인크래프트의 플레이 방식이 바뀌지는 않습니다. 하지만 세계가 완전히 달라 보일 수 있습니다.

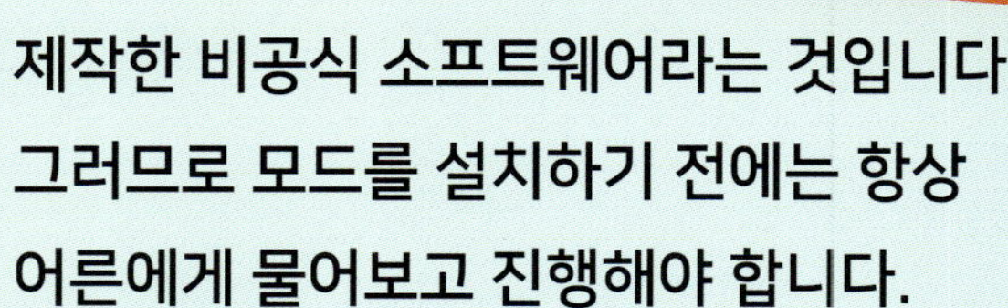

특별한 모드를 설치하면 마인크래프트에서 세계가 보이는 방식을 바꿀 수 있습니다. 바로 '셰이더' 모드입니다. 셰이더는 그래픽 효과를 향상시켜서 세계의 풍경이 아름답게 보이도록 하는 모드입니다.

주로 물이 반사되는 모습, 빛이 잎을 통과하는 모습, 그림자와 같은 조명 효과가 중심입니다. 셰이더 팩은 종류가 정말 다양하기 때문에, 원하는 모드를 다양하게 설치하여 모드 간의 차이를 즐길 수도 있습니다.

모드를 설치하기 전 꼭 기억해야 하는 점은 마인크래프트의 대부분의 모드가 유저가 제작한 비공식 소프트웨어라는 것입니다. 그러므로 모드를 설치하기 전에는 항상 어른에게 물어보고 진행해야 합니다.

TIP!

마인크래프트가 작동하는 방식을 변경하는 것은 게임이 중단되거나 저장된 내용이 사라질 수 있으니 주의하세요. 또한 지금 실행 중인 버전에 맞는 모드인지 확인하고, 플레이어들의 후기를 참고하여 문제가 없는지 점검하세요.

텍스처 팩 적용하기

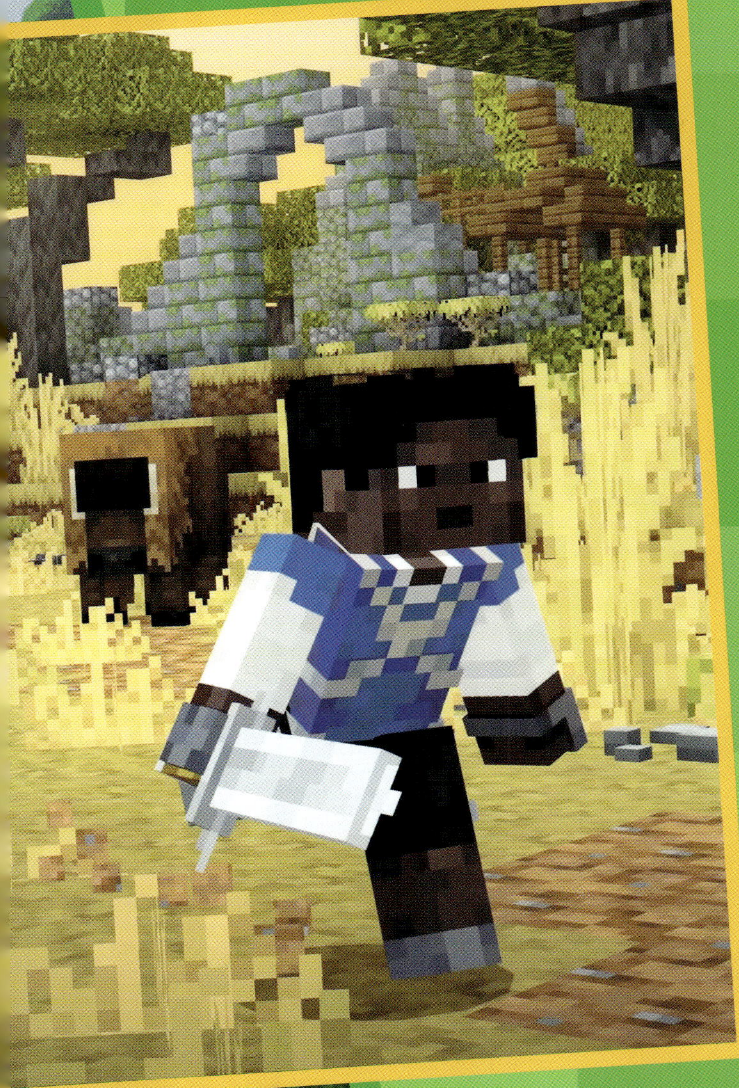

텍스처 팩은 베드락 에디션에서 마인크래프트의 외관을 바꿀 수 있는 쉽고 공식적인 방법입니다. 텍스처 팩으로 블록과 몹의 디자인뿐만 아니라 심지어 음향 효과까지 변경할 수 있습니다.

공식 팩은 게임 내 마켓플레이스에서 구입하여 설치할 수 있습니다. 물론 비공식 팩도 사용할 수 있습니다. 매시업 팩은 여러 종류의 팩을 묶어서 공유한 팩으로, 텍스처 팩뿐만 아니라 맵이나 스킨도 포함하고 있습니다. 이러한 팩들은 닌텐도 스위치와 구형 콘솔 버전에서도 사용할 수 있습니다. 자바 에디션에서는 인터넷을 통해 리소스 팩을 설치하여 블록의 텍스처, 소리 등을 바꿀 수 있답니다.

예전에는 블록을 커스텀하는 방법이 복잡했지만, 이제는 '블록벤치(Block Bench)'의 특수 플러그인인 '블록위자드(Block Wizard)'를 사용하면 쉽게 새로운 블록을 만들 수 있습니다. 어른에게 도움을 요청해 블록벤치를 설치한 다음, 플러그인에서 블록위자드를 검색하여 플러그인을 추가하세요.

나만의 블록 만들기

그런 다음 나만의 블록을 제작하고, 파일을 저장하여 게임에 적용하면 된답니다!

PC에 마인크래프트 베드락 에디션이 있다면, 나만의 블록을 만들 수 있습니다.

크리에이티브 모드와
서바이벌 모드만이
마인크래프트를 즐기는
유일한 방법은 아닙니다!

다양한 맵과 모드를 즐겨 보기

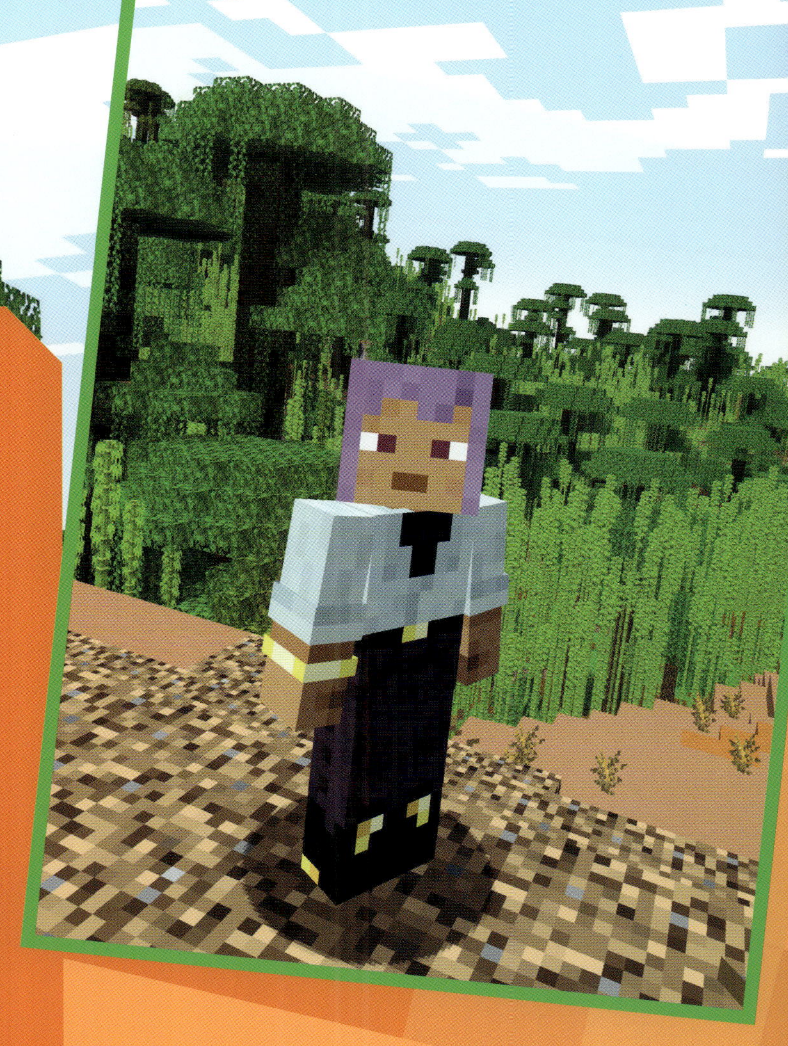

베드락 에디션의 마켓플레이스는 마인크래프트를 기반으로 하지만, 완전히 다른 스토리와 도전 과제가 있는 맵이 많습니다. 세계를 마음껏 모험하는 맵부터 기존 마인크래프트에서 여러 요소를 수정한 애드온, 친구들과 함께 즐길 수 있는 미니 게임까지! 종류가 무한하지는 않지만, 정말 많답니다!

인터넷 사이트에는 특이한 기능을 추가하거나 제거할 수 있는 다양한 비공식 모드가 있습니다. 하지만 비공식 모드는 게임에 문제가 생길 수 있으니 설치하기 전에 어른과 상의하세요.

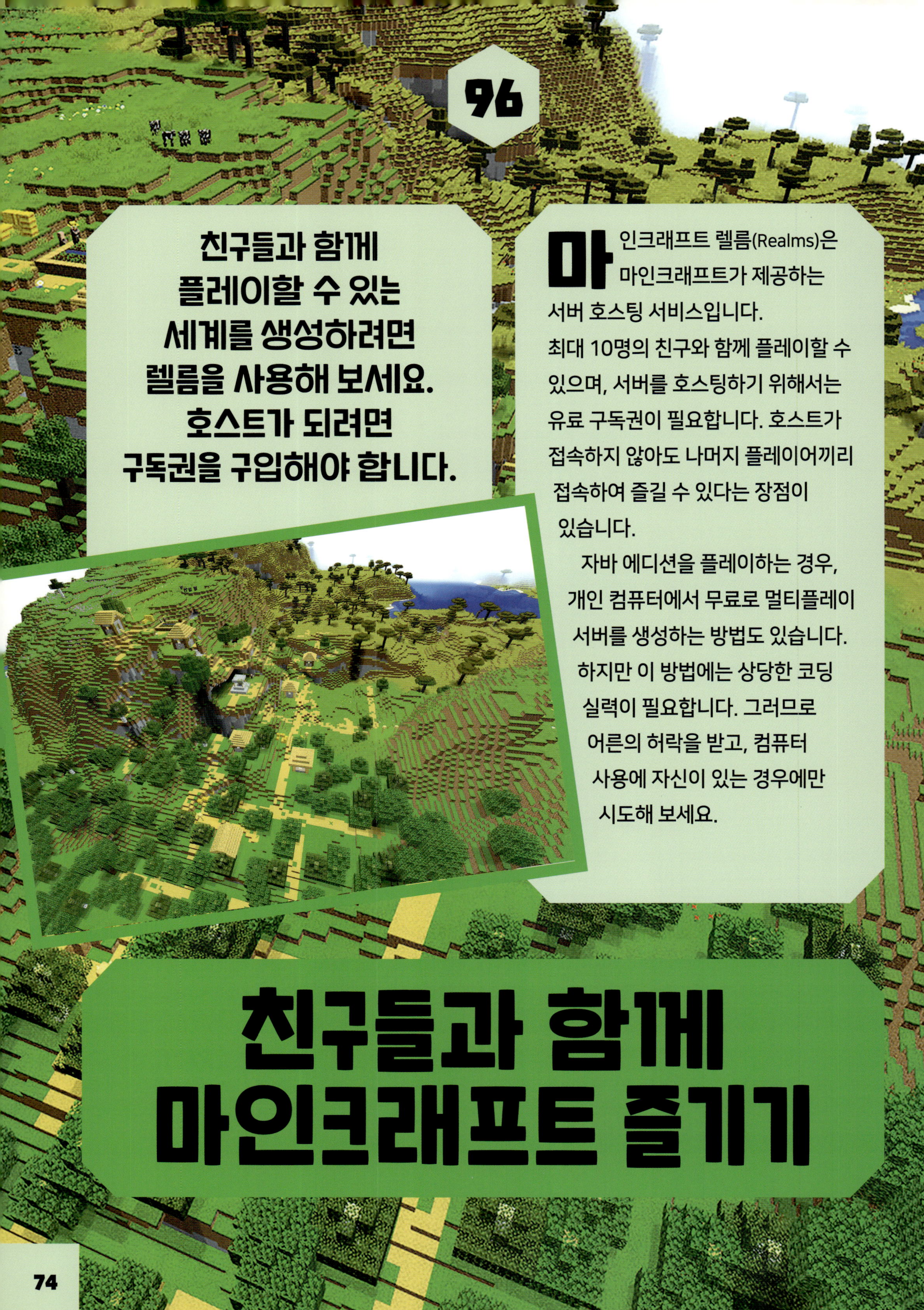

친구들과 함께
플레이할 수 있는
세계를 생성하려면
렐름을 사용해 보세요.
호스트가 되려면
구독권을 구입해야 합니다.

마인크래프트 렐름(Realms)은
마인크래프트가 제공하는
서버 호스팅 서비스입니다.
최대 10명의 친구와 함께 플레이할 수
있으며, 서버를 호스팅하기 위해서는
유료 구독권이 필요합니다. 호스트가
접속하지 않아도 나머지 플레이어끼리
접속하여 즐길 수 있다는 장점이
있습니다.

자바 에디션을 플레이하는 경우,
개인 컴퓨터에서 무료로 멀티플레이
서버를 생성하는 방법도 있습니다.
하지만 이 방법에는 상당한 코딩
실력이 필요합니다. 그러므로
어른의 허락을 받고, 컴퓨터
사용에 자신이 있는 경우에만
시도해 보세요.

친구들과 함1께
마인크래프트 즐기기

클랜이나 길드에 가입하기

모든 종류의 멀티플레이 게임에는 서로를 돕기 위해 뭉친 플레이어 모임이 있습니다. 여러분도 한번 시도해 보는 건 어떨까요?

다양한 서바이벌 서버를 많이 플레이하다 보면 자연스럽게 다른 플레이어와 친해지고, 모임이 생길 수 있습니다. 물론 예상하거나 계획할 수 있는 일은 아닙니다. 하지만 여러분이 어른의 허락을 받고 온라인 서버를 플레이하기로 결정했다면, 마인크래프트를 함께 즐기는 모임을 만나게 될 수도 있습니다.

모임에 속한다는 것은 함께 자원을 모아 멋진 기지를 만들거나 대규모 건설 프로젝트를 진행할 수 있다는 뜻입니다. 아니면 더 많은 자원을 얻기 위해 다른 모임과 경쟁할 수도 있답니다.

마인크래프트에는
수백 수천 개의 커뮤니티에서
만든 맵이 있습니다.
이 맵을 활용해서
무한한 가능성을 시도해 보세요.

맵 체험하기

'플'래닛 마인크래프트(Planet Minecraft)', '마인크래프트 맵스(Minecraft Maps)', '맵크래프트(MapCraft)'와 같은 인터넷 사이트에는 우리가 상상할 수 있는 거의 모든 유형의 맵이 가득합니다. 멋진 구조물부터 어려운 도전 과제, 재미있는 미니 게임과 복잡한 퍼즐까지 있습니다. 물론 공식 상점인 베드락 에디션의 마켓플레이스를 통해 적용할 수 있는 맵들도 많습니다.

사이트에서 원하는 맵을 찾았다면, 우선 마인크래프트가 컴퓨터의 어느 폴더에 설치되어 있는지 찾아야 합니다. 그리고 어른들의 허락을 받아 원하는 맵을 저장하고, 저장한 맵을 마인크래프트 폴더로 옮기세요. 그다음 마인크래프트를 실행하면 새로운 세계가 여러분을 기다리고 있을 것입니다.

TIP!

마인크래프트의 작동 방식을 변경하는 것은 게임이 중단되거나 저장 내용을 잃는 등의 위험이 있으므로 설치하기 전에 어른과 함께 확인하세요.

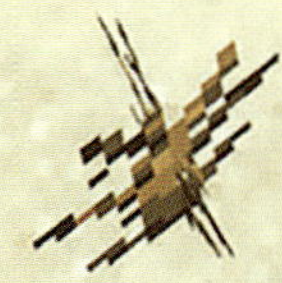

끊임없이 배우기

지금까지 여러분은 마인크래프트에서 즐길 수 있는 98가지에 대해 알아보았습니다. 이를 통해 딱 한 가지만은 명확하게 깨달았기를 바랍니다. 바로 여러분의 마인크래프트 여정은 절대 끝나지 않는다는 것입니다!

엔더 드래곤을 처치하고 마인크래프트가 제시하는 과제를 모두 달성했다고 하더라도 아직 즐길 수 있는 일은 너무나 많습니다. 여러분이 마인크래프트의 모든 것에서 전문가가 될 수는 없다고 생각합니다. 왜냐하면 마인크래프트에서는 우리가 상상하는 만큼 무한히 도전할 수 있기 때문입니다.

마인크래프트를 좋아하는 플레이어들이 만든 훌륭한 자료는 셀 수 없을 만큼 많습니다. 이런 자료들을 영감으로 삼거나, 시간을 들여 배워 보세요. 그러면 다음 도전해야 할 것이 무엇인지 파악할 수 있을 것입니다.

지금까지도 마인크래프트는 계속 변화하고 성장하고 있습니다. 그러니 다음 업데이트도 계속 지켜봐 주세요. 곧 또 새롭고 멋진 무언가가 출시될 것입니다!

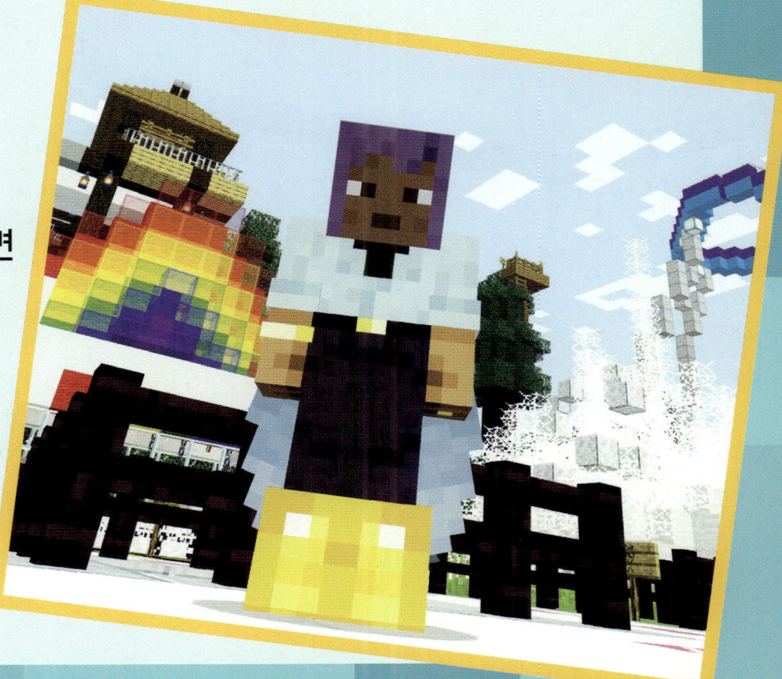

항상 즐겁게 플레이하기

마인크래프트는 현실이 아닌 게임이라는 사실을 절대로 잊지 마세요!

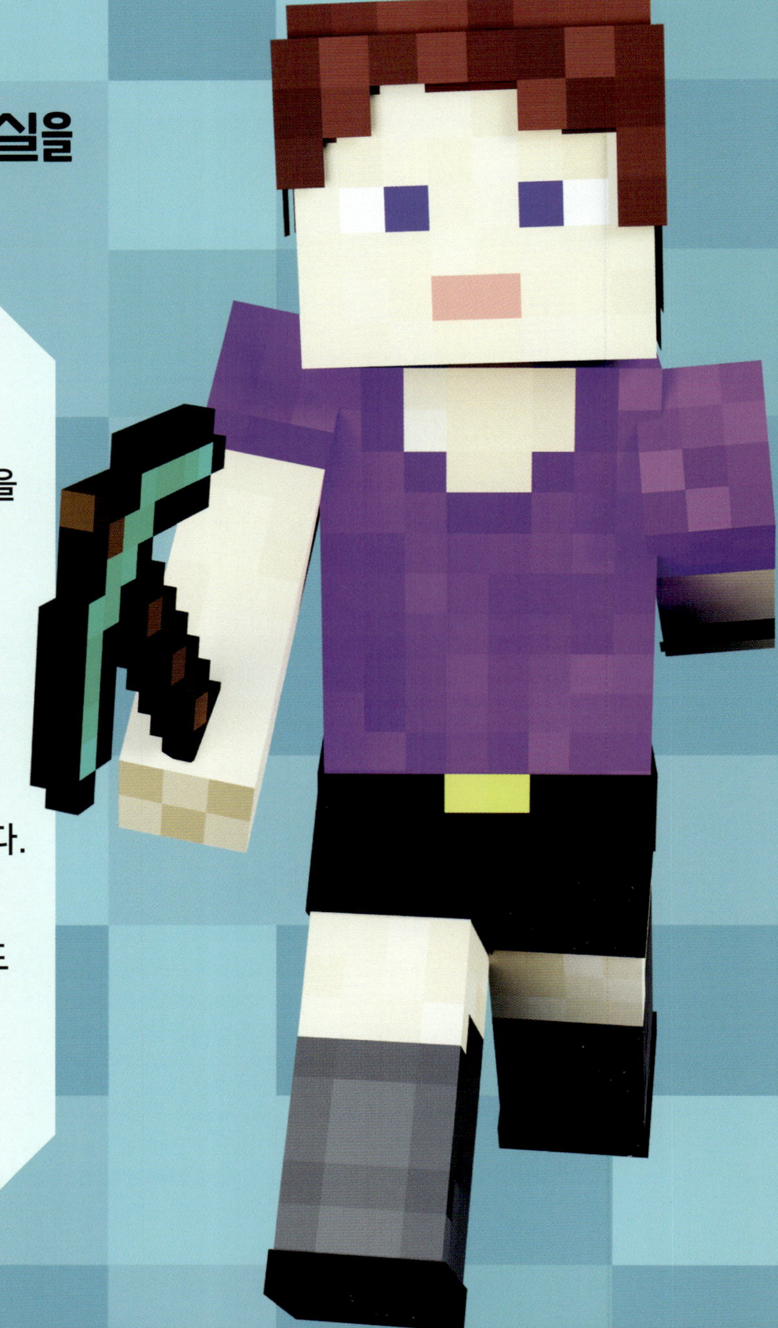

마인크래프트에서 나만의 프로젝트를 시작하게 되면, 많은 시간을 투자하고 게임을 하지 않을 때도 계속해서 게임에 관해 생각하게 될 수 있습니다. 괜찮습니다. 하지만 게임이 부담스러워지거나 게임 때문에 현실에서 해야 할 일에 소홀해진다면, 게임에 그만한 가치가 있는지 다시 생각해 보아야 할 때입니다.

더 이상 재미가 없거나 피곤하다면 언제든 잠시 쉬었다가 나중에 돌아와도 됩니다. 이것이 마인크래프트의 가장 큰 장점이랍니다!

항상 사람들을 존중하기

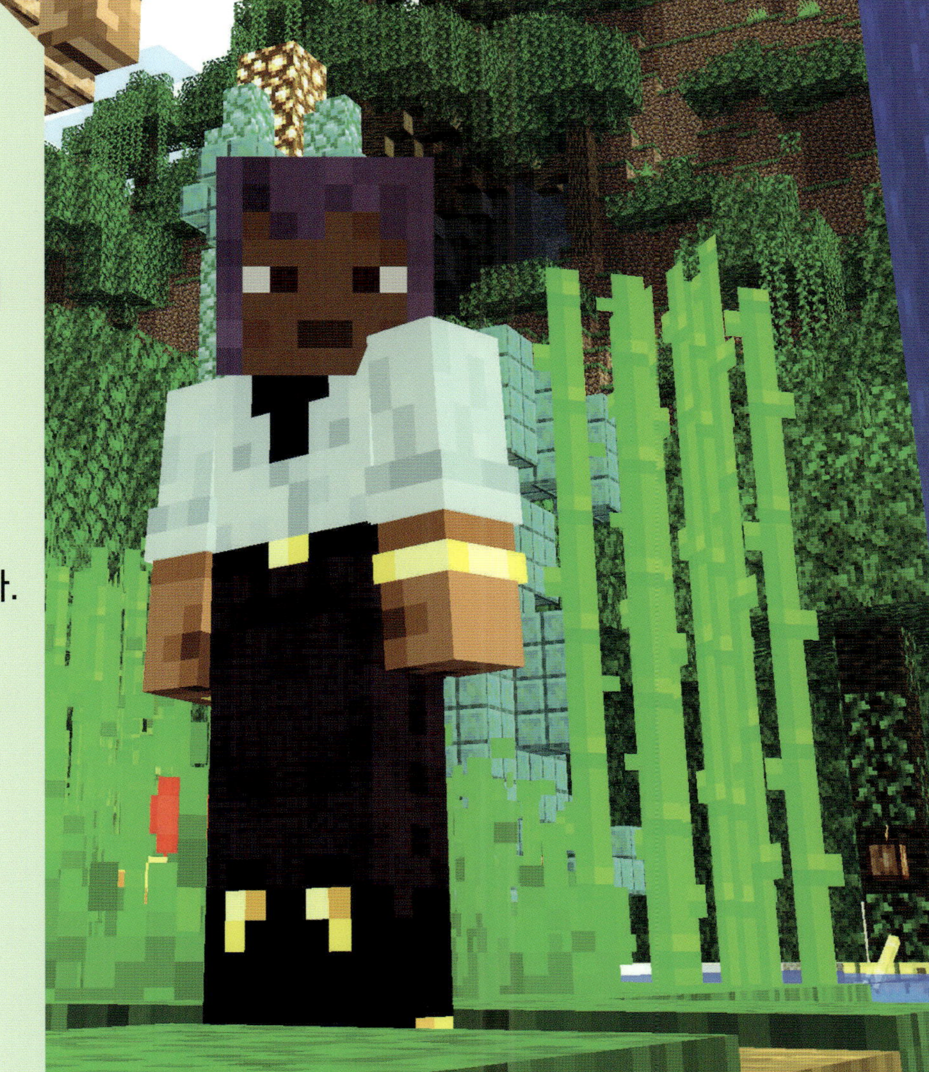

게임을 하다 보면 흥분하기 쉽습니다. 또 무척 속상할 때도 있을 것입니다. 누구나 이기는 것을 좋아하고 지는 것을 싫어하기 때문입니다. 하지만 마인크래프트에서 친구와 함께, 혹은 서버에서 다른 사람들과 함께 플레이할 때는 꼭 기억해야 하는 점이 있습니다. 바로 내가 배려를 받고 싶은 만큼 다른 사람을 배려해야 한다는 것입니다.

물론 모든 사람들이 여러분과 같은 생각을 하지 않을 수 있다는 점도 함께 고려해야 합니다. 하지만 약간의 배려와 친절은 여러분의 마인크래프트 플레이에 아주 큰 도움이 될 것입니다. 얼마나 오래 게임을 했든지 간에 모두가 더 재미있게 게임을 즐기기 위해서는 언제나 존중이 필요하답니다!

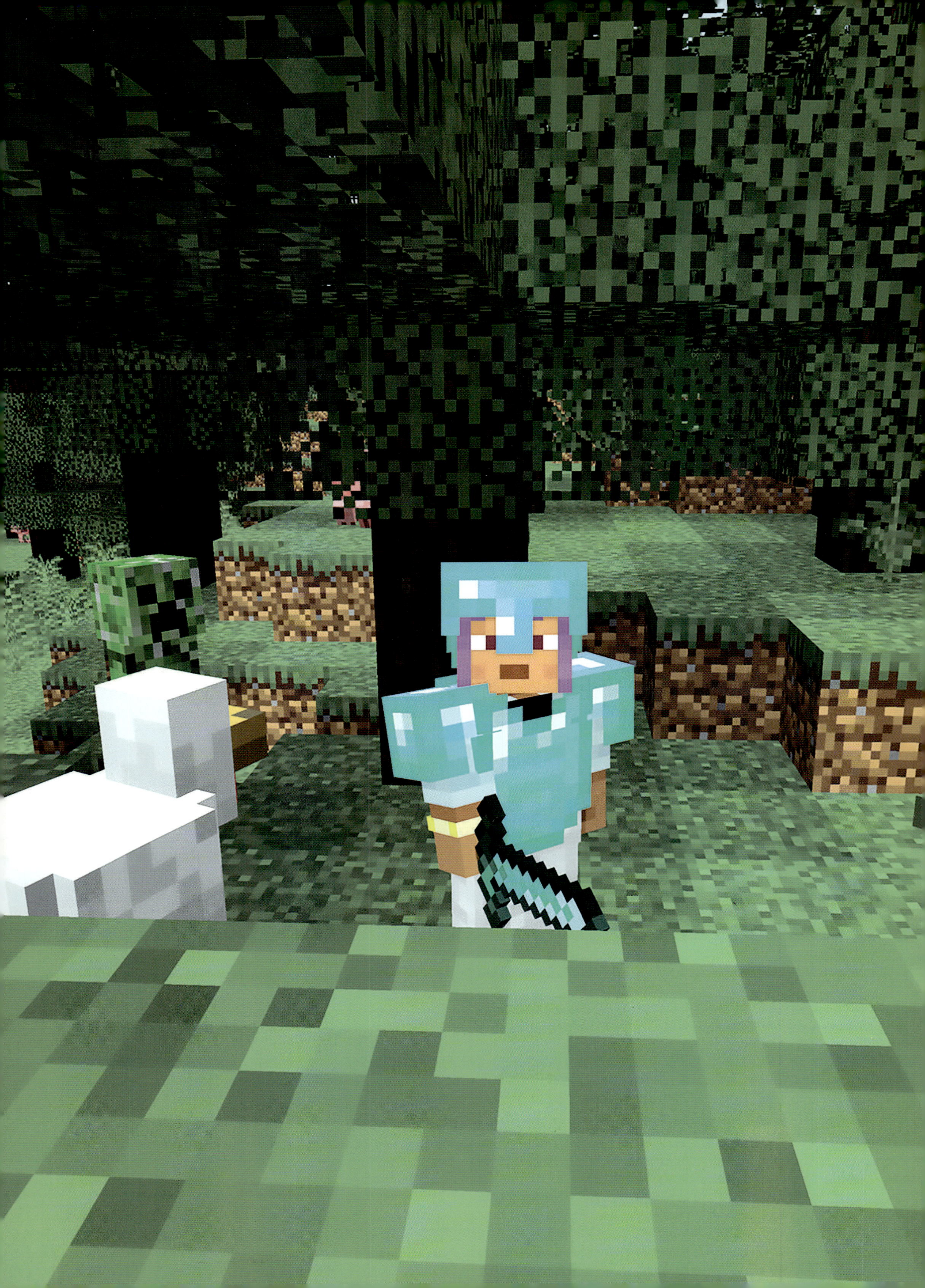

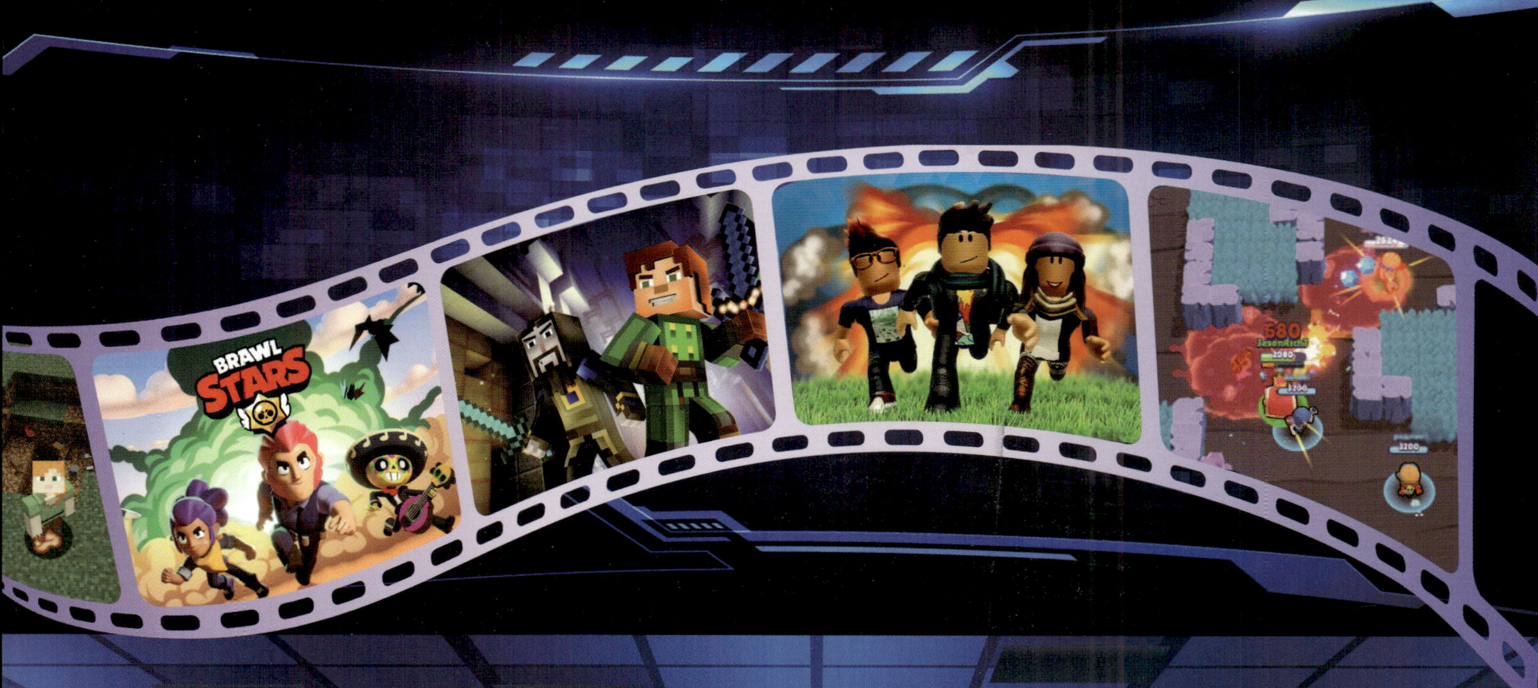

멀티플레이 액션부터 최고의 메타버스 게임까지 즐기자!
최강 유저를 위한 서울문화사 게임 전략서

마인크래프트

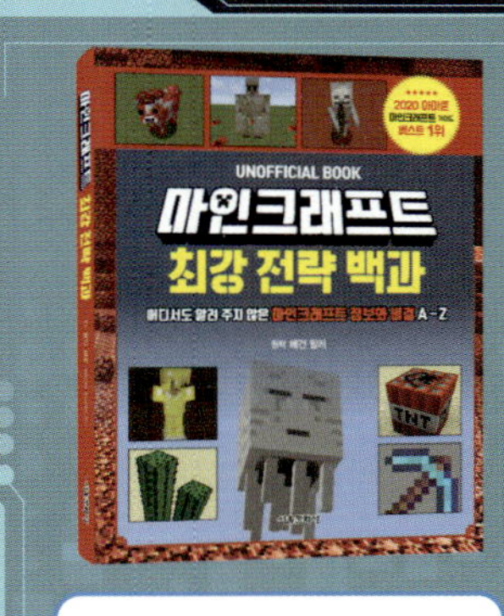

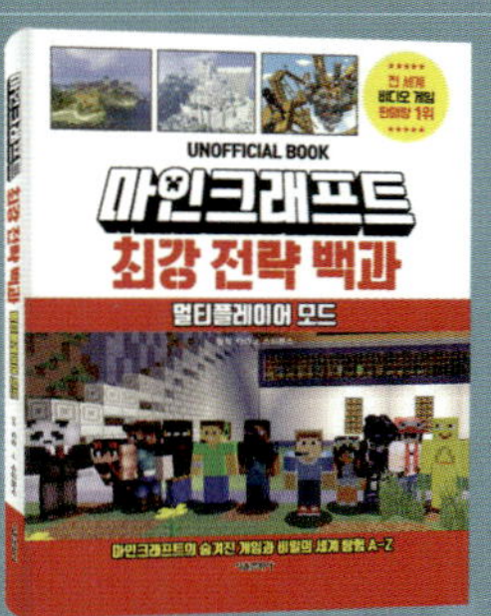

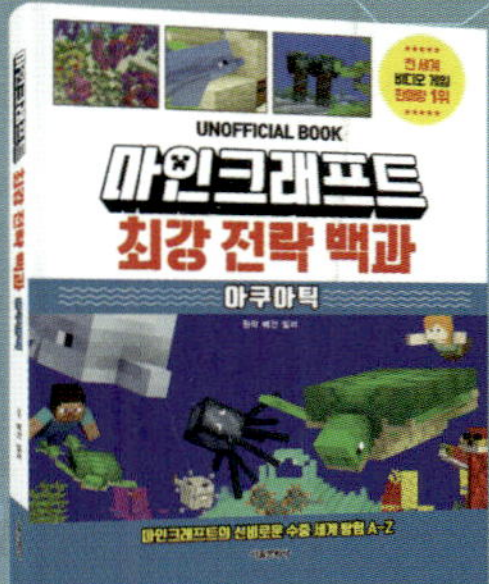

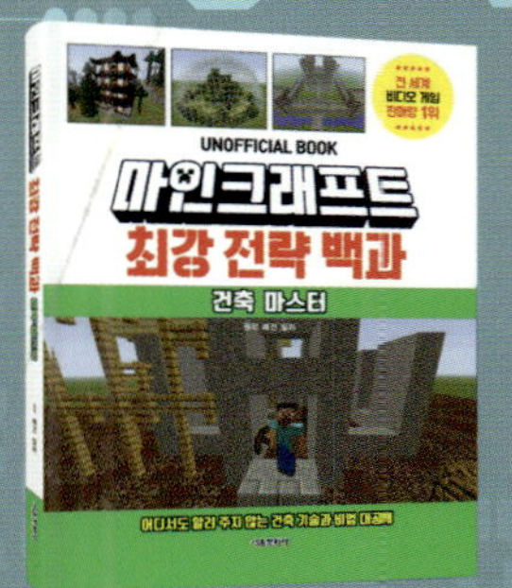

마인크래프터 강력 추천

재미와 협동심을 한 번에

신비한 수중 세계 탐험

전문가의 건축 비법 수록

브롤스타즈

로블록스

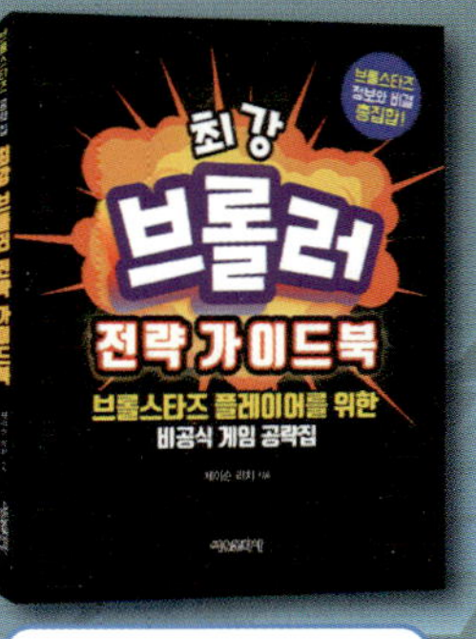

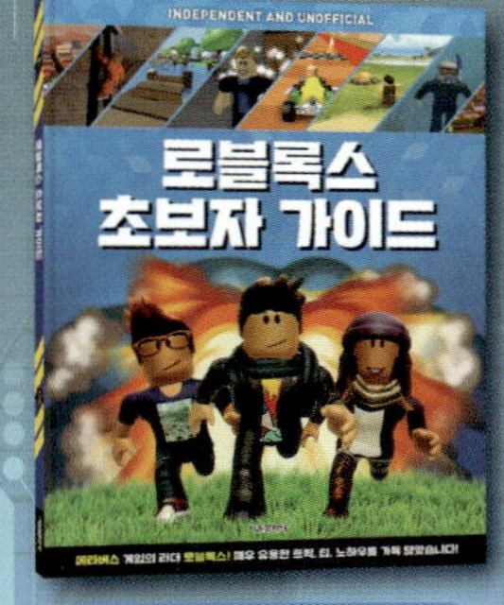

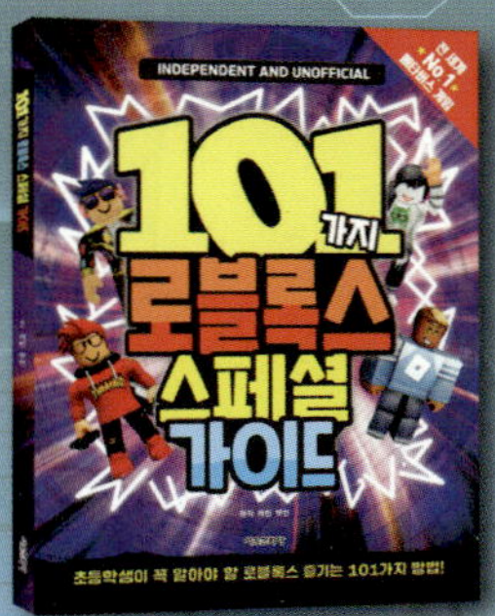

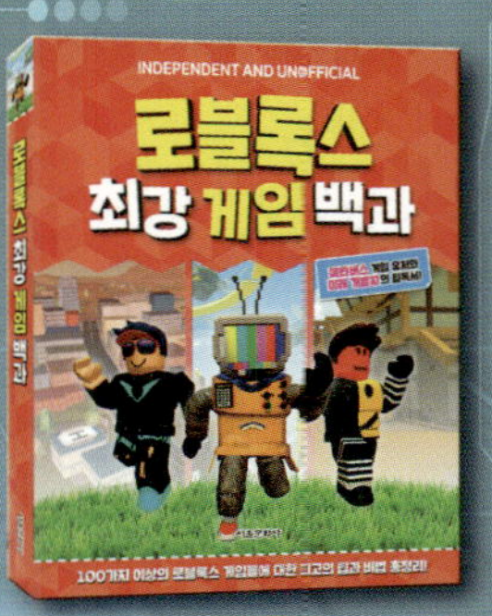

핵고수를 꿈꾸는
뉴비의 필독서

뉴비를 위한
전문가의 리뷰

유저를 위한
스페셜 가이드

메타버스 게임
유저의 필독서

구입 문의 : 02-791-0708 서울문화사